### 글 손승휘

아는 것도 많고 알고 싶은 것도 많은 박학다식한 작가로,
어린이 책을 만들고 어린이들과 함께하는 시간을 가장 좋아합니다.
지금은 소설, 시나리오, 학습 만화, 애니메이션 등 다양한 분야에서
어린이들이 재미있게 볼 수 있는 글을 쓰고 있습니다.
그동안 쓴 책으로『맥아더와 인천상륙작전』,『냉동실의 까마귀』,
'라바 학습 만화' 시리즈 등이 있습니다.

### 그림 이혜영

아이들의 엉뚱하고 기발한 생각을 사랑하는 그림쟁이입니다.
그림 한 컷만으로도 수만 가지 상상이 자라고,
따뜻한 생명력이 느껴지길 바라며 늘 노력합니다.
지금은 어린이를 위해 재미있고 신나는 그림을 그리고 있습니다.
그동안 그린 책으로『숨은그림 찾으며 수수께끼 300』 등이 있습니다.

### 감수 양희준

시대가 바뀌어도 사람들에게 꼭 필요한 지식은 무엇일까 생각하다가
연세대학교에 입학해 의학을 공부했습니다. 의학 중에서도 가장 기본인
사람의 구조를 연구하는 해부학을 공부한 뒤, 지금은 가천의과학대학교
의학전문대학원에서 예비 의사 선생님들을 가르치고 있습니다.

**인체백과** 무엇일까요?

**초판 3쇄 발행** 2024년 07월 05일

**글** · 손승휘   **그림** · 이혜영   **감수** · 양희준
**편집** · 조승현   **디자인** · 김진영, 윤인희
**펴낸곳** · 이룸아이   **펴낸이** · 송수정
**주소** · 경기도 광명시 일직로 43, B동 1305호
**전화** · 02-373-0120   **팩스** · 02-373-0121
**등록** · 2015.10.08.(제2015-000315호)
**ISBN** 979-11-88617-24-1 | 979-11-88617-22-7(세트)
**홈페이지** · www.eribook.com

# GUESS?
무엇일까요?
② 인체백과

# 머리말

### ·감수자의 글·

사람들은 먼 옛날부터 인체를 관찰하고 연구해 왔습니다. 순수한 호기심에서, 또는 병을 치료하기 위해서 등 여러 가지 이유에서였지요.

인체, 즉 우리 몸에 대해 잘 알게 되면 아픈 사람들을 낫게 하는 데에 도움이 될 뿐만 아니라, 키보드나 마우스, 카메라와 같은 일상용품에서부터 가구, 자동차, 건축물까지 사물을 더 쓰기 편하게 만들 수 있습니다. 아름다운 미술 작품과 발명품을 많이 남긴 레오나르도 다빈치도 사람이 어떻게 생겼는지 자세히 연구하고자 인체를 관찰하거나 해부하기도 했지요.

그렇다면 우리 친구들은 아직 의사, 과학자, 예술가도 아닌데 왜 벌써 인체에 대해 알아야 할까요?

인체를 잘 이해하고 나면, 우리 몸이 얼마나 잘 만들어졌고 왜 모든 부분이 중요한지 알 수 있기 때문이랍니다. 이것을 알면 나뿐 아니라, 다른 사람의 몸이 얼마나 소중한지, 얼마나 과학적이고 신비로운지 깨닫게 되어, 서로 더 아끼고 존중해 주며 즐겁게 어울려 살 수 있지요.

이 책에는 우리 몸에 관한 이야기들이 아주 재미있게 쓰여 있습니다. 어린이가 이 책을 읽고 인체에 관한 상식을 쉽고 재미있게 알아 갈 수 있기를 바랍니다.

양희준

# 개념 잡는 어린이 백과

## ·작가의 글·

　우리 몸이 어떻게 생겼는지 자세히 거울을 들여다본 적 있나요? 우리가 원하는 대로 움직여 주어서 편리하게 생활할 수 있도록 도와주는 우리 몸! 그 생김새나 하는 일이 궁금하지는 않나요?

　'인체'는 어려운 의학과 관련되어 있으니까 의사 선생님들 정도는 되어야 알 수 있는 것 아니냐고요? 그렇지 않아요.

　인체는 눈에 보이고 손으로 만질 수 있으며 감각으로 느낄 수 있는 친숙한 것이랍니다. 몸 밖에 있는 기관과 몸 안에 있는 기관, 그리고 아주 미세하지만 우리 몸에 영향을 주고 있는 수많은 기관까지! 알고 보면 정말 재미있고 신기하다니까요. 그러니까 이 책도 어렵고 복잡하게 생각할 필요 없어요.

　부모님과 함께, 또는 친구들과 함께 주어진 힌트를 토대로 하나씩 알아맞혀 봐도 좋고, 혼자 거울 앞에서 하나씩 알아맞히기 놀이를 해도 되지요. 그러다 보면 어느새 우리 몸이 무척 흥미롭고 사랑스러워질 거예요. 자, 그럼 어서 시작해 볼까요?

손승휘

## 퀴즈 풀면서 재미있게 배우는 신개념 학습!

**관찰**하여 무엇일지 **유추**하고
**개념** 지도를 그리며
새로운 것을 **창조**해 내는
신개념 학습법!

# 차례

- 알고 보면 더 신비한 인체 … 10
- 이렇게 분류했어요 … 12

01 피부 온몸을 덮고 있는 보호막 … 13
02 심장 혈액을 온몸으로 보내 주는 펌프 … 19
03 뇌 우리 몸의 지휘관 … 25
04 손 사물을 만지고 쥐는 기관 … 31
05 위 음식물을 소화시키는 주머니 … 37
06 혀 맛을 느끼는 근육 덩어리 … 43
07 허파 호흡을 하는 기관 … 49
08 귀 소리를 듣는 기관 … 55
09 코 냄새 맡고 숨 쉬는 기관 … 61
10 발 서고 걸을 때 몸을 지탱하는 기관 … 67

11 눈 사물을 보는 기관 … 73
12 혈액 산소와 영양소 나르는 붉은 액체 … 79
13 호르몬 몸의 활동을 조절하는 물질 … 85
14 유전자 우리 몸의 설계도 … 91
15 뼈 몸을 지탱하는 단단한 기관 … 97
16 근육 뼈와 몸속 기관을 움직이는 기관 … 103
17 입 음식을 먹고 소리를 내는 기관 … 109
18 관절 뼈와 뼈가 맞닿아 연결되는 부분 … 115
19 머리 뇌가 들어 있는 부분 … 121
20 머리카락 머리를 지켜 주는 털 … 127

  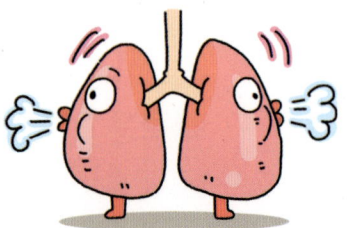

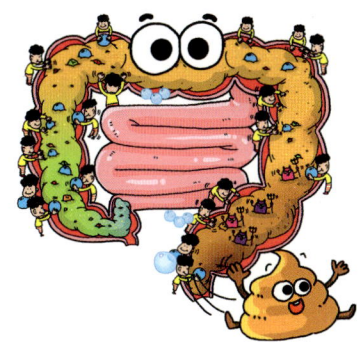

| 21 | 목 머리와 몸통을 잇는 부분… 133 |
| 22 | 치아 음식물 씹어서 잘게 부수는 기관… 139 |
| 23 | 세포 몸을 이루는 가장 작은 단위… 145 |
| 24 | 혈관 혈액이 지나가는 길… 151 |
| 25 | 신경 정보를 전달하는 기관… 157 |
| 26 | 이자 소화액과 호르몬 분비 기관… 163 |
| 27 | 간 가장 큰 내장 기관… 169 |
| 28 | 척추 몸을 지탱하는 뼈 기둥… 175 |
| 29 | 골반 척추와 다리를 이어 주는 뼈… 181 |
| 30 | 생식기 아기 낳게 도와주는 기관… 187 |
| 31 | 림프액 영양소 나르고 나쁜 세균 막는 액체… 193 |
| 32 | 배꼽 배에 남아 있는 탯줄의 흔적… 199 |
| 33 | 비장 혈액을 만들고 저장하는 기관… 205 |
| 34 | 수면 온몸이 쉬는 상태… 211 |
| 35 | 성장 몸이 커지고 어른이 되는 과정… 217 |
| 36 | 대장 똥을 만드는 소화 기관… 223 |
| 37 | 쓸개 쓸개즙 보관하는 주머니… 229 |
| 38 | 콩팥 오줌을 만드는 기관… 235 |
| 39 | 방광 오줌을 모아 두는 배설 기관… 241 |
| 40 | 소장 가장 긴 소화 기관… 247 |

- 신비한 우리 몸… 254
- 건강한 우리 몸… 256
- 한눈에 보는 우리 몸… 258
- 찾아보기 … 261

# 알고 보면 더 신비한 인체

## 우리 몸에 있는 여러 기관

우리가 이 세상에서 살아갈 수 있는 건, 몸속에 있는 여러 기관이 쉴 새 없이 움직이기 때문이에요. 어떤 기관이 있는지 한번 알아볼까요?

- 뇌
- 머리
- 귀
- 근육
- 눈
- 코
- 신경
- 척주
- 뼈
- 발
- 머리카락
- 손
- 피부
- 입
- 허파
- 심장
- 배꼽
- 관절

### 감각 기관

보고, 듣고, 냄새 맡고, 맛을 느끼고, 아픔을 느끼는 기관이에요. 주변의 자극과 정보를 느끼고 받아들이는 데 관여하지요.

### 운동 기관

몸의 움직임과 이동에 관여하는 기관이에요. 신경 기관인 뇌가 어떤 행동을 취할지 정하여 명령하면 그것에 맞게 움직이지요.

### 신경 기관

온몸의 여러 가지 기능을 조절하는 기관이에요. 감각 기관이 느낀 자극을 해석하여 행동을 결정하고 여러 기관에 명령을 내리지요.

### 소화 기관
음식물을 잘게 쪼개서 필요한 영양소를 흡수하는 기관이에요.

### 생식 기관
아기가 태어나고 자랄 수 있게 도와주는 기관이에요.

### 순환 기관
혈액을 통해 산소와 영양소를 온몸으로 전달하고, 불필요한 찌꺼기를 몸 밖으로 내보낼 수 있게 도와주는 기관이에요.

### 그 밖의 기관
우리 몸속에는 살아가는 데 필요한 일을 하는 여러 기관이 있어요.

## 이렇게 분류했어요

이 책에 실린 여러 가지 기관은 내용 구분을 위해 주요 역할에 따라 일곱 가지로 분류했습니다.

### 감각 기관
피부/ 혀/ 귀/ 코/ 눈

### 신경 기관
뇌/ 머리/ 신경

### 운동 기관
손/ 발/ 뼈/ 근육/ 관절/ 척주/ 골반

### 순환 기관
심장/ 혈액/ 혈관/ 림프액/ 비장

### 생식 기관
생식기/ 배꼽

### 소화 기관
위/ 입/ 목/ 치아/ 이자/ 간/ 대장/ 쓸개/ 소장

### 그 밖의 기관
허파/ 호르몬/ 유전자/ 머리카락/ 세포/ 수면/ 성장/ 콩팥/ 방광

# GUESS 01

| 첫 번째 힌트 | ★ **온몸을** 덮고 있어요. |
| 두 번째 힌트 | ★ **털이 나요.** |
| 세 번째 힌트 | ★ **땀띠가** 생기기도 해요. |
| 네 번째 힌트 | ★ 햇볕을 많이 쬐면 **까맣게 변해요.** |
| 다섯 번째 힌트 | ★ **추우면 소름이 돋아요.** |

 "더우면 땀을 내보내요."

Skin

피

● 위치 : 온몸　　● 기관 : 감각 기관
● 기능 : 몸속 보호, 체온 조절, 촉각 느끼기

피 ㅂ

# 피부

# 온몸을 덮고 있는 보호막
## 피부

거울을 보세요. 그리고 여러분의 몸을 덮고 있는 피부를 자세히 관찰해 보세요. 어느 부분은 두껍고, 어느 부분은 얇아요. 또 어느 부분은 반들반들하고, 어느 부분은 쪼글쪼글하지요.

피부는 **세균**이 몸속으로 들어오는 것을 막아 주고, 더위와 추위에도 **체온**을 일정하게 조절해 줘요. 피부가 하는 일이 여러 가지라 모습도 여러 가지인 거예요.

사람은 태어난 곳에 따라 **피부색**이 다르기도 해요. 아시아인은 피부색이 누렇고, 북유럽인은 하얗고, 아프리카인은 검은 걸 보면 알 수 있지요.

피부는 우리 몸의 기관 중에서 면적이 가장 넓어요. 면적뿐 아니라 무게도 가장 많이 나가서 몸무게의 15퍼센트는 피부가 차지한답니다.

### ◆ 때는 왜 생길까?

피부는 끊임없이 새로운 세포를 만들어 내요. 늙은 피부 세포는 점차 딱딱하게 변해서 떨어져 나가지요. 그런데 죽은 피부 세포가 떨어져 나가지 않고 먼지나 땀과 섞여 몸에 달라붙어 있으면 때가 되는 거예요.

### ◆ 운동을 하면 피부가 고와진다고?

운동을 하면 몸속에 있던 더러운 찌꺼기가 땀과 함께 몸 밖으로 나와요. 그뿐만 아니라 운동을 하는 데 필요한 산소를 혈액이 빨리 날라 주느라 몸속의 혈액 순환도 잘되지요. 그래서 운동을 하면 피부가 투명하고 고와지는 거예요.

## 땀은 왜 날까?

우리 몸은 열이 나면 체온 조절을 위해 땀샘에서 땀을 내보내요. 땀이 마르면서 몸의 열을 빼앗아 체온을 낮춰 주지요. 그래서 추울 때는 땀이 나오지 않는답니다.

## 추우면 왜 소름이 돋을까?

추우면 피부는 열을 빼앗기지 않으려고 땀구멍을 닫고 털을 꼿꼿이 세워요. 이때 털뿌리에 붙어 있는 근육이 오그라들면서 털 주위의 피부가 솟아올라 오돌토돌하게 소름이 돋는 거예요.

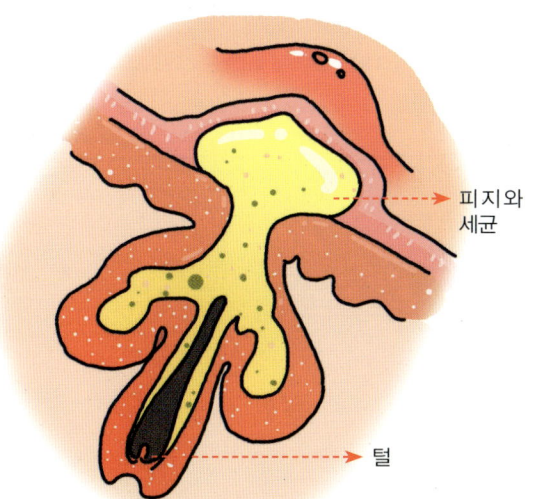

→ 피지와 세균

→ 털

## 여드름은 왜 생길까?

여드름은 피지라고 부르는 기름 물질이 피부 밖으로 나오지 못하고, 털구멍 안에 갇혀서 곪았을 때 많이 생겨요.

## 피부색은 왜 인종마다 다를까요?

**01** 어디에 사는지 쉽게 구별하려고

**02** 다 똑같으면 재미없으니까

**03** 식습관이 달라서

**04** 살아온 환경이 달라서

### 생각 키우기

우리 몸은 햇볕에서 나오는 자외선을 많이 쐬면 건강에 해롭답니다. 그래서 자외선이 피부에 닿으면 자외선을 막아 주는 멜라닌 색소가 만들어져서 피부 바깥으로 몰려들지요. 멜라닌 색소는 흑갈색을 띠기 때문에 멜라닌 색소의 양이 많을수록 피부가 검게 보인답니다. 그래서 햇볕이 강한 곳에서 사는 사람과 약한 곳에서 사는 사람의 피부색이 다른 거예요.

# GUESS 02

## 무엇일까요?

| | |
|---|---|
| 첫 번째 힌트 | ★ **염통**이라고도 불러요. |
| 두 번째 힌트 | ★ 온몸에 **혈액**을 보내 줘요. |
| 세 번째 힌트 | ★ 크기는 **주먹만** 해요. |
| 네 번째 힌트 | ★ 멈추면 **죽어요**. |
| 다섯 번째 힌트 | ★ 두근두근 뛰어요. |

**결정적 힌트** "하트 모양으로 그려요."

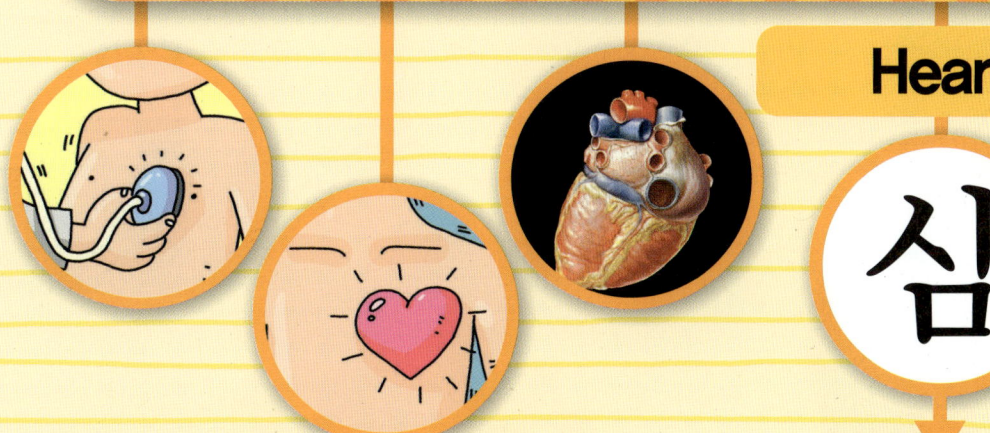

Heart

심
↓
ㅅ ㅈ

● 위치 : 가슴　● 기관 : 순환 기관
● 기능 : 혈액의 순환

# 심장

## 혈액을 온몸으로 보내 주는 펌프
# 심장

　우리 몸에는 아주 특별한 액체가 흐르고 있어요. 바로 혈액이에요. 피라고도 부르지요. 혈액은 우리 몸에서 중요한 일을 해요. 살아가는 데 꼭 필요한 산소와 영양소를 몸 곳곳으로 날라 주거든요. 또 이산화 탄소와 몸에 해로운 찌꺼기를 모아서 없애 주기도 하고 병균과 싸우기도 해요.

　이렇게 중요한 혈액을 움직이는 게 심장이에요. 심장은 혈액이 계속 흐를 수 있도록 밤낮으로 쉬지 않고 뛴답니다. 심장이 뛸 때마다 혈액이 좁고 많은 관을 따라 온몸으로 퍼지지요. 혈액은 언제나 같은 방향으로 흐르는데, 온몸을 도는 데에는 1분 정도 걸린대요.

　지금 왼쪽 가슴에 손을 가만히 대 보세요. 콩닥콩닥 심장 박동이 느껴질 거예요. 심장은 잠을 잘 때도 공부를 할 때도 밥을 먹을 때도 계속 뛰고 있지요. 살아 있는 사람 중에 심장이 뛰지 않는 사람은 아무도 없답니다.

## ✨ 깜짝 놀라면 왜 심장이 빨리 뛸까?

 우리가 놀라거나 흥분하면 몸이 그에 맞설 만한 힘을 낼 수 있도록 심장이 강하고 빠르게 움직여 온몸으로 혈액을 보내 줘요. 또 운동할 때도 심장이 빠르게 뛰지요. 운동할 때는 산소와 영양소가 더 많이 필요하기 때문에 이것들을 혈액이 빨리 날라 주느라 심장도 빨리 뛰는 거랍니다.

## 심장은 하루에 몇 번이나 뛸까?

심장은 우리가 엄마 배 속에 있을 때부터 뛰기 시작해요. 어른이 되면 1분에 약 70번씩 쉬지 않고 뛰지요. 하루로 치면 약 10만 번을 뛰는 거고, 70살까지는 대략 26억 번을 뛰는 거랍니다. 맥박이 쉼 없이 뛰는 것을 보면 심장도 계속 뛰고 있다는 걸 알 수 있지요.

## 심장은 어떻게 계속 뛸까?

우리 몸의 근육은 내 마음대로 움직일 수 있는 근육과 내 마음과 상관없이 스스로 움직이는 근육, 두 가지가 있어요. 심장은 스스로 움직이는 근육으로 이루어져 있지요. 우리가 잠을 자느라 따로 운동 명령을 내릴 수 없는 동안에도 계속 심장이 뛰는 것은 바로 그 때문이에요.

## 심장이 멈추었을 때 하는 응급조치는 무엇일까요?

**01** 소리를 지른다.

**02** 겁을 준다.

**03** 전기 충격을 준다.

**04** 흔들어 깨운다.

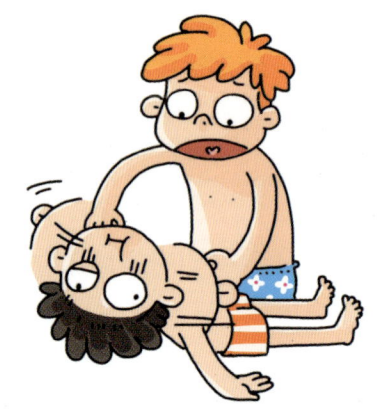

### 생각 키우기

심장은 스스로 움직이는 근육으로 이루어져 있어서 잠을 자거나 기절한 상태에서도 계속 뛰어요. 하지만 사고나 큰 충격 때문에 갑자기 멈추는 경우도 있어요. 그럴 때는 심장에 강한 자극이나 전기 충격을 주어 다시 뛸 수 있도록 돕는답니다. 마치 시동이 걸리지 않는 자동차를 뒤에서 밀어 주면 시동이 걸리듯이 말이에요.

정답 ❸

# GUESS 03

## 무엇일까요?

| | |
|---|---|
| **첫 번째 힌트** | ★ 몸에서 **가장 위**에 있어요. |
| **두 번째 힌트** | ★ **단단한 뼈**로 둘러싸여 있어요. |
| **세 번째 힌트** | ★ 잠을 잘 때도 **쉬지 않고** 일해요. |
| **네 번째 힌트** | ★ **주름**이 많아요. |
| **다섯 번째 힌트** | ★ 컴퓨터보다 더 똑똑해요. |

**결정적 힌트**: "생각하는 일을 해요."

### Brain

- 위치 : 머리
- 기관 : 신경 기관
- 기능 : 생각하기, 몸속 기관의 기능 조절

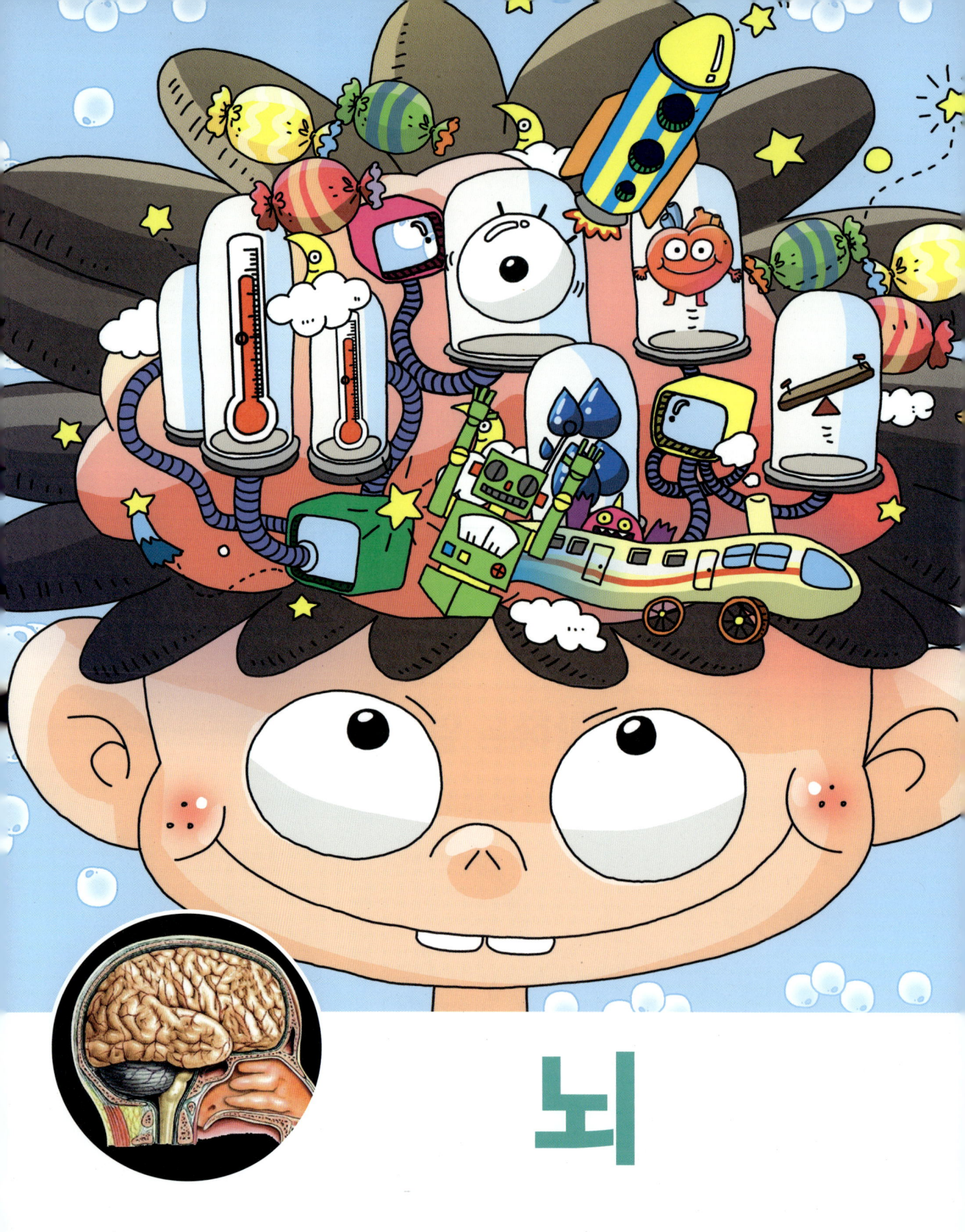

뇌

## 우리 몸의 지휘관
# 뇌

여러분이 공부할 때는 어떤 몸속 기관이 일을 할까요? 친구를 생각하거나 부모님의 은혜를 생각할 때, 또는 지나간 일을 생각할 때는요?

맞아요. 뇌가 일을 한답니다.

우리의 뇌는 **보고 듣고 생각하고 말하고 움직이는 모든 행동을 판단하고 지시**해요. 지나간 일을 기억하거나 앞으로의 일을 짐작하기도 하지요. 그뿐만 아니라 **기쁨, 슬픔, 아픔, 가려움**을 느끼는 것까지도 모두 뇌가 하는 일이랍니다.

우리가 **숨을 쉬고, 음식물을 소화하고, 배설을 할 수 있는** 것도 모두 뇌에서 조절하기 때문이에요.

몸의 구석구석이 원활하게 활동하도록 조절해 주는 뇌, 우리 몸의 지휘관이 따로 없지요?

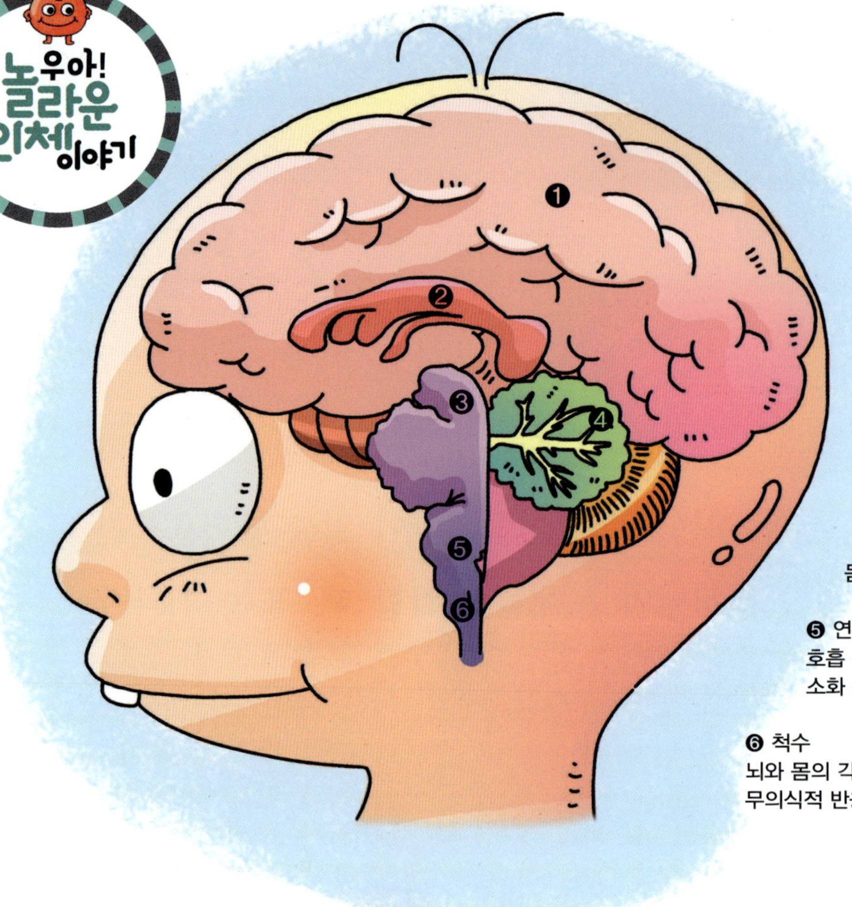

## 우아! 놀라운 인체이야기

❶ 대뇌
자극을 판단하고 명령 내리기,
정보를 생각하고 기억하기

❷ 간뇌
체온 조절,
혈액 속 당분량 조절,
몸속 수분량 조절

❸ 중뇌
눈의 활동 조절

❹ 소뇌
몸의 균형 유지, 근육 운동 조절

❺ 연수
호흡 운동 조절, 심장 박동 조절,
소화 운동 조절

❻ 척수
뇌와 몸의 각 부분 사이에 정보를 전달하는 통로,
무의식적 반응을 일으킴.

## ✦ 뇌가 하는 일!

뇌는 생각하는 부분과 몸의 움직임을 조절하는 부분,
생명을 유지하는 부분 등으로 이루어져 있어요.

운동선수의 뇌가 몸에 내리는 명령

## 🔸 뇌에 주름이 많은 동물일수록 똑똑하다고?

　사람의 뇌는 다른 동물에 비해서 크기도 크지만, 주름도 많답니다. 그래서 같은 크기라도 펼쳤을 때 드러나는 면적이 넓지요. 면적이 넓을수록, 즉 주름이 많을수록 뇌세포가 많기 때문에 머리가 더 좋다고 해요. 또 주름 때문에 뇌세포 사이가 가까워 정보를 더 빨리 전달할 수 있답니다.

## 🔸 동물도 지능이 있다고?

　예전에는 동물들의 지능이 거의 없거나 아주 낮다고 생각했어요. 사람과 같은 방법으로 동물의 지능을 재려고 했기 때문이에요. 하지만 동물도 저마다 살아가는 환경에 알맞은 지능을 가지고 있어요. 예를 들면 코끼리는 냄새로 사람을 기억했다가 다시 만나면 알아보고, 동료가 위험에 처하면 서로 협동해서 구할 만큼 지능이 높아요.

"난 기억력이 제법 좋은 동물이라고!"

## 뇌를 둘러싼 머리뼈는 왜 단단할까요?

**01** 박치기를 잘해야 하니까

**02** 물구나무서기를 잘해야 하니까

**03** 공부하다가 터져 버릴까 봐

**04** 뇌를 보호해야 하니까

### 생각 키우기

뇌와 척수는 '연질막'이라는 얇은 막으로 싸여 있어요. 그 바깥쪽에는 '거미막'이라는 얇은 막이 있고, 또 그 바깥쪽에 두꺼운 '경질막'이 에워싸고 있지요. 그리고 이 모든 것을 '두개골'이라고 불리는 단단한 머리뼈가 감싸고 있답니다. 뇌는 무척 중요한 기관이라서 이렇게 여러 겹으로 보호하는 거예요.

| | |
|---|---|
| 첫 번째 힌트 | ★ 둘이 한 쌍이에요. |
| 두 번째 힌트 | ★ 세수할 때 써요. |
| 세 번째 힌트 | ★ 밥 먹을 때 필요해요. |
| 네 번째 힌트 | ★ 물건을 쥘 수도 있어요. |
| 다섯 번째 힌트 | ★ 글씨를 써요. |

 결정적 힌트 "손톱이 달렸어요."

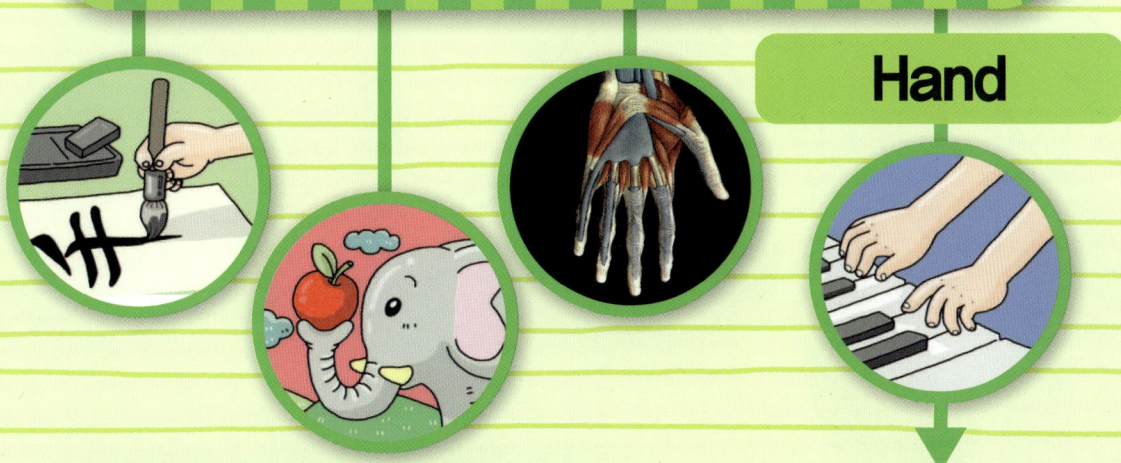

Hand

● 위치 : 양쪽 팔 끝    ● 기관 : 운동 기관
● 기능 : 만지기, 잡기, 촉각 느끼기

**사물을 만지고 쥐는 기관**

# 손

사람이나 원숭이 같은 영장류는 다른 동물과 크게 다른 점이 하나 있어요. 바로 손이 있는 거예요.

특히 사람은 다른 동물에 비해 손이 월등하게 발달했지요.

동물은 자기가 살아가는 데 필요한 도구를 가지고 태어난다고 해요. 호랑이는 먹이를 공격하는 날카로운 발톱, 고양이는 스펀지처럼 푹신한 발바닥, 말은 달리기 좋은 발굽이 있는 것처럼 말이에요.

하지만 사람은 그런 도구를 가지고 태어나지 못했답니다. 그 대신 필요한 여러 도구를 쥘 수 있는 편리한 손을 가지고 태어났지요.

손 덕분에 사람은 동물과 다르게 살게 되었어요. 필요에 따라 도구를 자유롭게 바꿀 수 있었거든요.

## ✦ 지문으로 도둑을 잡는다고?

　손끝 부분을 잘 살펴보면 물결무늬가 있어요. 이걸 지문이라고 하지요. 땀구멍 부위가 주변보다 솟아올라 무늬를 만든 거예요. 지문은 모든 사람이 다 달라서 사람을 구별할 때 쓰이기도 해요. 아주 먼 옛날에 이집트나 터키, 인도, 중국 등에서는 도장이나 사인 대신 사용하곤 했지요. 요즘에는 자물쇠나 잠금장치를 열 때 쓰기도 하고, 범인을 찾아낼 때도 많이 쓰인답니다.

### 손으로 책을 읽는다고?

눈이 보이지 않는 시각 장애인들은 손끝의 촉각으로 책을 읽어요. 손가락으로 더듬어 읽도록 만든 책을 '점자책'이라고 하지요.

### 손톱이 여름에 잘 자란다고?

손톱은 피부가 단단하게 변한 거예요. 그래서 머리카락이나 다른 피부처럼 계속 자라지요. 대개 하루에 약 0.1밀리미터씩 자라는데, 밤보다 낮에 잘 자라고 겨울보다 여름에 더 잘 자란답니다. 마치 나무가 추운 겨울보다 더운 여름에 잘 자라는 것처럼 말이에요.

## 손에는 왜 손톱이 있을까요?

**01** 코를 잘 후비라고

**02** 가려운 곳을 긁으라고

**03** 친구를 꼬집으라고

**04** 손가락을 보호하려고

### 생각 키우기

손톱은 피부가 딱딱해진 것으로 각각의 손가락을 보호하고 있어요. 우리가 몸에서 가장 많이 사용하는 부위 중 하나가 손가락이고 그중에서도 손끝은 다른 물건에 잘 부딪힌답니다. 그래서 손톱이 손가락을 보호해 주는 거예요. 또한 부드러운 살만으로는 물건을 힘주어 집거나 세게 두드릴 수 없답니다.

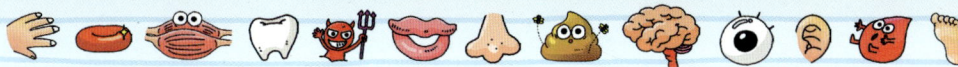

# GUESS 05

## 무엇일까요?

- **첫 번째 힌트** ★ 혼자서도 **잘 움직여요.**
- **두 번째 힌트** ★ **배 안에** 있어요.
- **세 번째 힌트** ★ **자루**처럼 생겼어요.
- **네 번째 힌트** ★ 평소엔 작은데 **음식**을 먹으면 커져요.
- **다섯 번째 힌트** ★ **소**는 네 개의 방으로 나뉘어 있어요.

**결정적 힌트** "음식물을 소화시켜요."

Stomach

● 위치 : 배  ● 기관 : 소화 기관
● 기능 : 음식물의 소화

위

# 위

　여러분은 하루 세 번 꼭 밥을 먹지요? 밥뿐 아니라 가끔 군것질도 하고 간식도 먹고 물도 마실 거예요. 그래야 몸에 필요한 여러 가지 영양소를 얻어서 키도 크고, 살도 찌니까요. 동물이든 식물이든 이 세상에 먹지 않고 살 수 있는 생물은 없답니다. 그런데 우리가 먹은 음식물은 어디에서 소화될까요?

　바로 위랍니다. 위는 음식물이 들어오면 '위액'이라는 소화액을 내보내서 본격적으로 소화를 시작해요. 위액은 음식물을 잘게 쪼개고 세균을 없애 주지요. 위가 음식물을 소화시키는 데는 보통 3시간에서 4시간 정도가 걸린답니다.

　하지만 위에서 음식물을 완전히 소화시키는 건 아니에요. 소장에서 영양소를 흡수하고, 대장에서 음식물 찌꺼기의 물을 흡수해야 마침내 완전히 소화되었다고 할 수 있지요.

## 꿀꺽꿀꺽~ 소화가 되는 과정!

우리가 입으로 먹은 음식물은 식도를 거쳐 위로 가요. 위에서 음식물이 소화되는 과정을 살펴보세요.

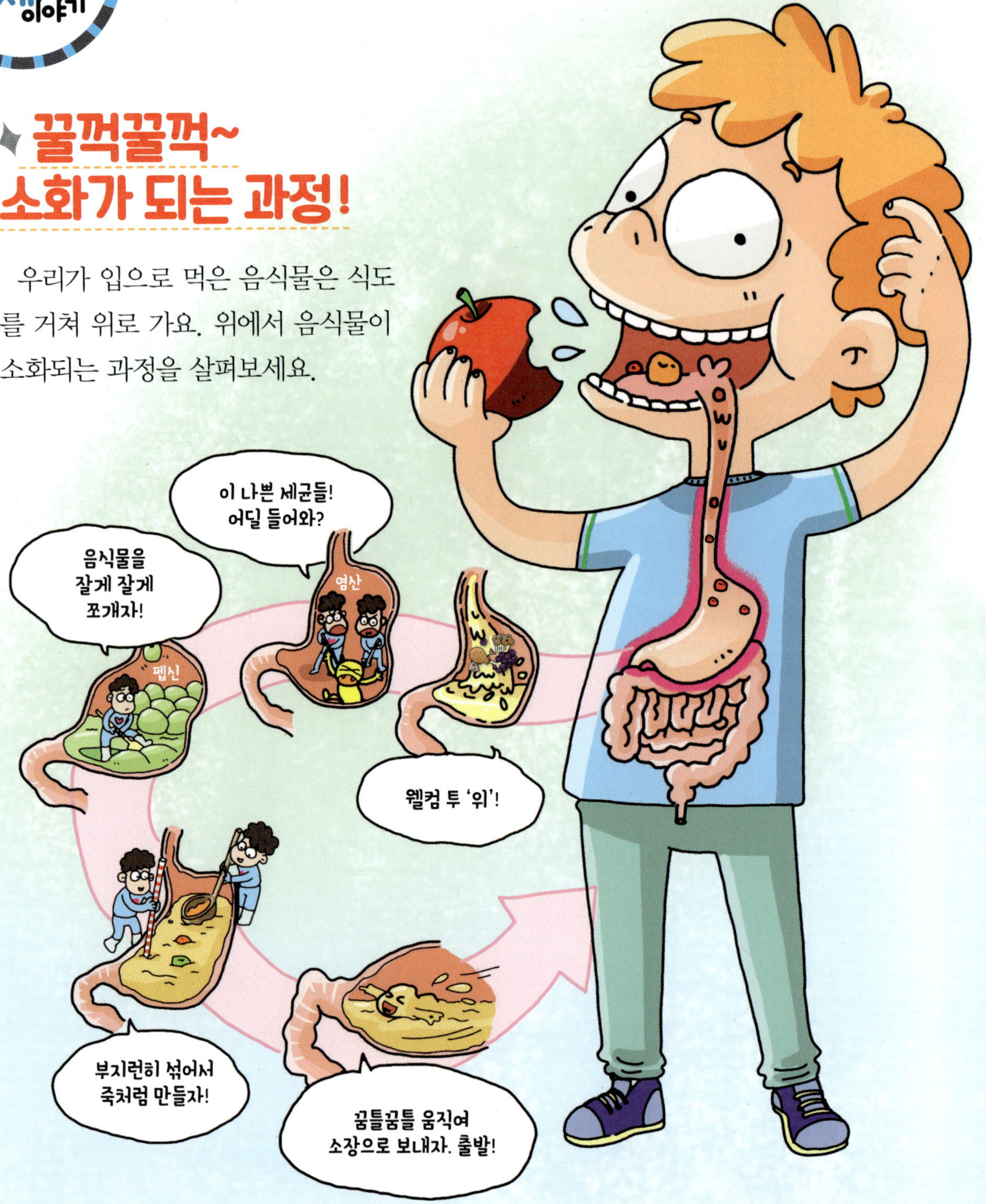

- 음식물을 잘게 잘게 쪼개자!
- 이 나쁜 세균들! 어딜 들어와?
- 웰컴 투 '위'!
- 부지런히 섞어서 죽처럼 만들자!
- 꿈틀꿈틀 움직여 소장으로 보내자. 출발!

## 화가 나면 왜 위가 아플까?

우리가 스트레스를 많이 받으면 위의 움직임을 조절하는 자율 신경계가 제대로 움직이지 않아요. 그래서 위가 심하게 오그라들거나 위벽을 보호하는 점액이 충분히 나오지 않아서 소화가 안되고 위가 아픈 거랍니다.

## 위벽은 소화액에 왜 녹지 않을까?

위의 소화액에는 나쁜 세균을 죽이고, 음식물을 분해하는 산성 물질이 들어 있어요. 하지만 위에서는 점액도 나와서 산성 물질로부터 위벽(위의 안쪽)을 보호해 준답니다.

## 밥을 먹고 물구나무서기를 해도 왜 음식이 입으로 다시 나오지 않을까요?

**01** 먹은 게 아까우니까

**02** 배가 고플까 봐

**03** 더러워지니까

**04** 위가 다시 못 나오게 막아서

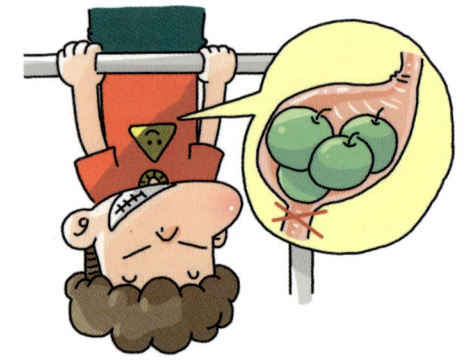

### 생각 키우기

위는 가운데가 불룩한 모양이고, 입구와 출구가 아주 좁아요. 그리고 옆으로 비스듬히 놓여 있지요. 그래서 한번 위로 들어간 음식물은 쉽게 목으로 올라오지 못하는 거랍니다. 하지만 아기들은 달라요. 아기들의 위는 아직 비스듬히 놓여 있지 않아서 곧잘 토하고는 한답니다.

# GUESS 06

## 무엇일까요?

| | |
|---|---|
| 첫 번째 힌트 | ★ **얼굴**에 있어요. |
| 두 번째 힌트 | ★ **입안**에 있어요. |
| 세 번째 힌트 | ★ **자유자재**로 움직여요. |
| 네 번째 힌트 | ★ **맛**을 볼 때 사용해요. |
| 다섯 번째 힌트 | ★ **말할 때**도 사용해요. |

**결정적 힌트** "아이스크림을 먹을 때 필요해요."

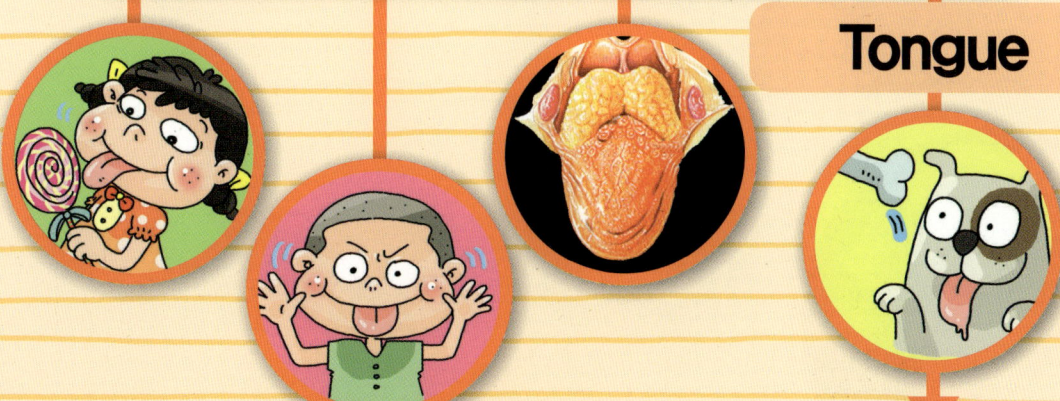

**Tongue**

혀

● 위치 : 머리　　● 기관 : 감각 기관, 소화 기관
● 기능 : 맛 느끼기, 음식물의 소화, 말하기

43

혀

# 혀

크기가 작고 거울로 보지 않으면 쉽게 보이지 않아서 평소에는 그 중요성을 잘 알 수 없는 우리 입안의 혀!

사실 혀는 쓰임새가 아주 많아요. 혀는 우리가 말하는 바를 상대방이 알아들을 수 있도록 **정확한 발음**을 도와요. 또 음식을 먹으며 **맛을 느낄 수 있는 것**도 모두 혀가 있기 때문이지요.

음식물이 입 밖으로 새지 않게 하는 것도, 치아가 음식물을 골고루 씹을 수 있게 도와주는 것도, 음식물을 부드럽게 목구멍으로 넘기는 것도 모두 혀가 하는 일이에요. 그뿐만 아니라 소화를 도와주는 침도 바로 혀 밑에 있는 침샘에서 나오지요.

혀는 뼈 없이 근육으로만 이루어져 있어서 이리저리 자유롭게 움직여요. 마치 코끼리의 코처럼요.

### ◆ 혀가 하는 중요한 일!

혀에는 아주 많은 '맛세포'가 있어요. 맛세포에서 단맛, 짠맛, 신맛, 쓴맛 등의 맛을 느끼지요. 그래서 혀 어디서든 모든 맛을 느낄 수 있어요. 다만 부위에 따라 더 민감하게 느껴지는 맛이 있답니다.

## 혀를 도와주는 침!

입안에는 항상 침이 있어요. 침은 귀 밑, 턱 밑, 혀 밑 등에 있는 침샘에서 나오지요. 침은 혀가 맛을 잘 느끼게 도와주고, 음식물을 소화시켜요.

"녹아라! 녹아라!"

## 혀가 있어서 말할 수 있다고?

발음을 제대로 할 수 있게 돕는 것도 혀예요. 치아나 입천장에 혀를 대야 사람들이 약속한 '언어'를 소리 낼 수 있으니까요. 만일 혀가 없다면 우리는 말을 할 수 없을 거예요.

## 혀에는 매운맛을 느끼는 맛세포가 왜 없을까요?

**01** 매운 건 싫으니까

**02** 매운 건 저절로 느낄 수 있으니까

**03** 가뜩이나 매운데 더 매울까 봐

**04** 매운맛은 사실 통증이니까

### 생각 키우기

맛은 맛세포에서 느끼는데, 매운맛을 느끼는 맛세포는 없어요. 사실 어떤 음식이 맵다고 하는 건 아픔을 느끼는 거예요. 사람들이 아픔을 맛으로 착각하는 거지요. 그러니까 맵다는 말은 혀가 아프다는 말과 같은 말이랍니다. 매운 고추나 마늘을 피부에 문지르면 아픈 것과 같은 거예요.

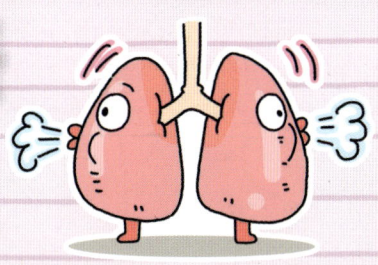

| | |
|---|---|
| 첫 번째 힌트 | ★ **가슴**에 있어요. |
| 두 번째 힌트 | ★ **두 개** 있어요. |
| 세 번째 힌트 | ★ **산소**를 우리 몸에 들여와요. |
| 네 번째 힌트 | ★ **커졌다 작아지기**를 반복해요. |
| 다섯 번째 힌트 | ★ **공기 주머니** 같아요. |

 **결정적 힌트** "숨을 쉴 때 사용해요."

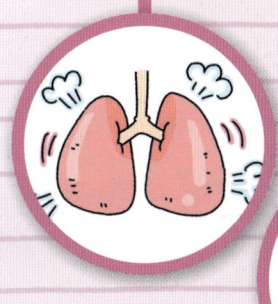

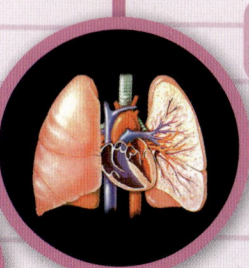

Lung

허

↓

ㅎㅍ

● 위치 : 가슴    ● 기관 : 그 밖의 기관(호흡 기관)
● 기능 : 숨 쉬기

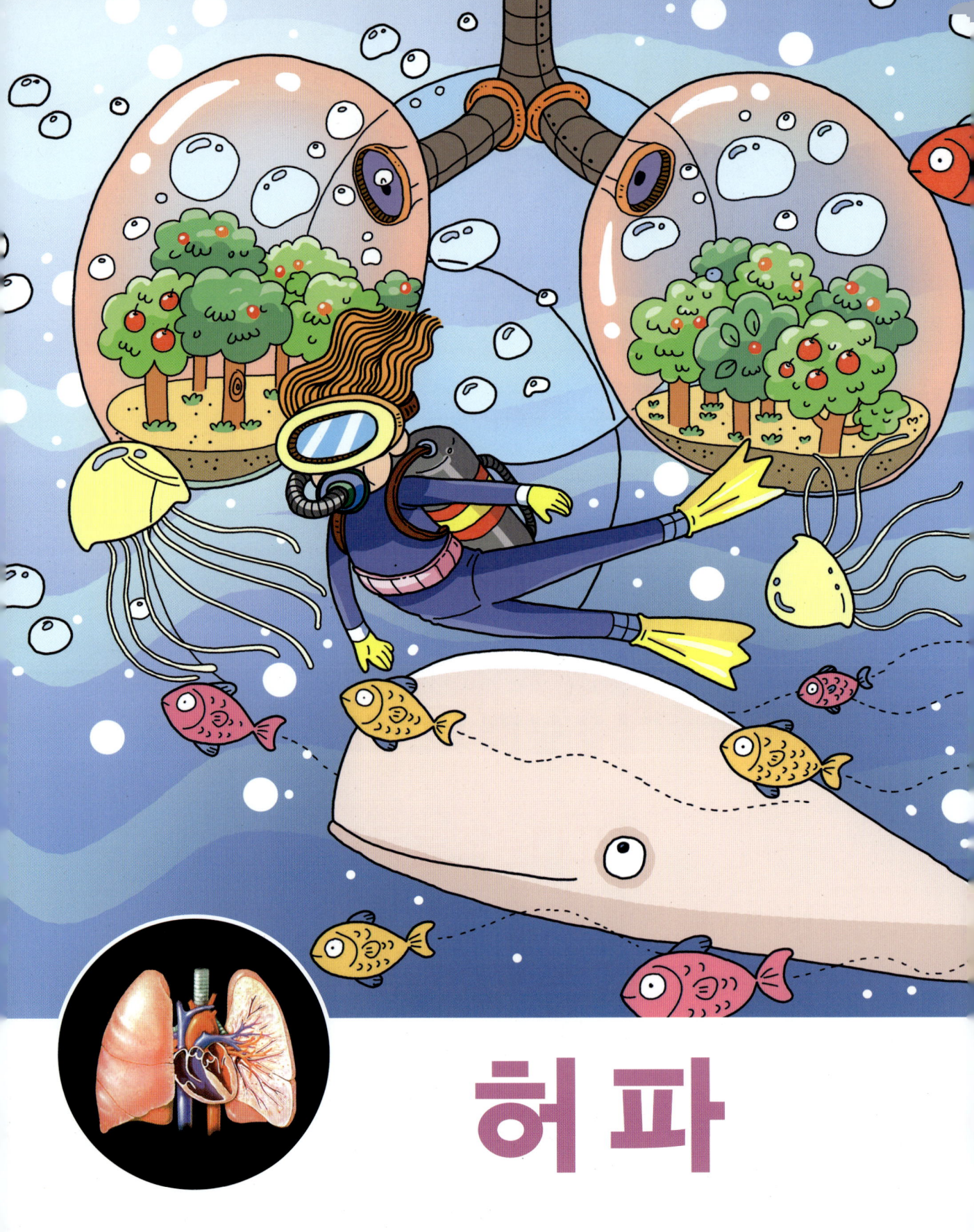

# 허파

## 호흡을 하는 기관
# 허파

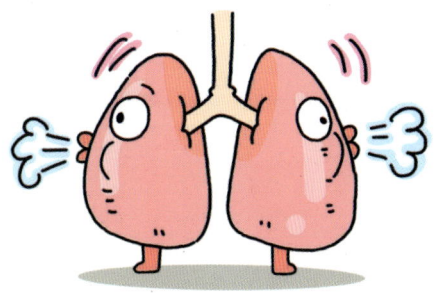

우리가 살아가려면 음식과 물도 중요하지만, 무엇보다 꼭 필요한 것이 있어요. 없으면 잠시도 참을 수 없는 것! 바로 **산소**랍니다.

음식은 한 달 정도 먹지 않아도 살 수 있고, 물도 며칠 안 먹는다고 죽지는 않아요. 하지만 산소가 없으면 보통 사람들은 3분이면 죽고, 잘 훈련받은 사람이라고 해도 5분이면 죽을 수 있어요.

우리는 이렇게 중요한 산소를 코와 입으로 공기를 들이마시고 내쉬는 숨쉬기를 통해 얻는답니다. **들이마시는 숨**을 **들숨**, **내쉬는 숨**을 **날숨**이라고 하는데, 들숨을 통해 산소를 받아들이고, 날숨을 통해 이산화 탄소를 몸 밖으로 내보내지요. 이런 과정을 **호흡**이라고 해요.

호흡을 하는 곳이 바로 **허파**랍니다. 폐라고 부르지요.

## ◆ 산소 없이 살 수 있을까?

살아 있는 동물과 식물은 산소가 꼭 필요해요. 사람도 고양이도 물고기도 다들 산소가 있어야 하지요. 그래서 우리는 물속이나 우주처럼 산소가 없는 곳에 갈 때는 산소가 들어 있는 통을 가지고 간답니다.

## ◆ 허파는 무슨 일을 할까?

허파는 코를 통해 몸속으로 들어온 공기 중에서 산소를 받아들이는 일을 해요. 혈액에 산소를 실어 심장으로 보내는 것도, 온몸을 돌고 나서 심장을 거쳐 허파로 들어오는 혈액에서 이산화 탄소를 걸러 내 몸 밖으로 내보내는 것도 모두 허파가 하는 일이랍니다.

# 허파는 어떻게 움직일까?

허파는 근육이 없어서 스스로 움직이지 못해요. 가슴과 배 사이에 있는 가로막과 갈비뼈가 오르내리면서 가슴안이 넓어졌다 좁아졌다 하면서 허파를 움직이지요.

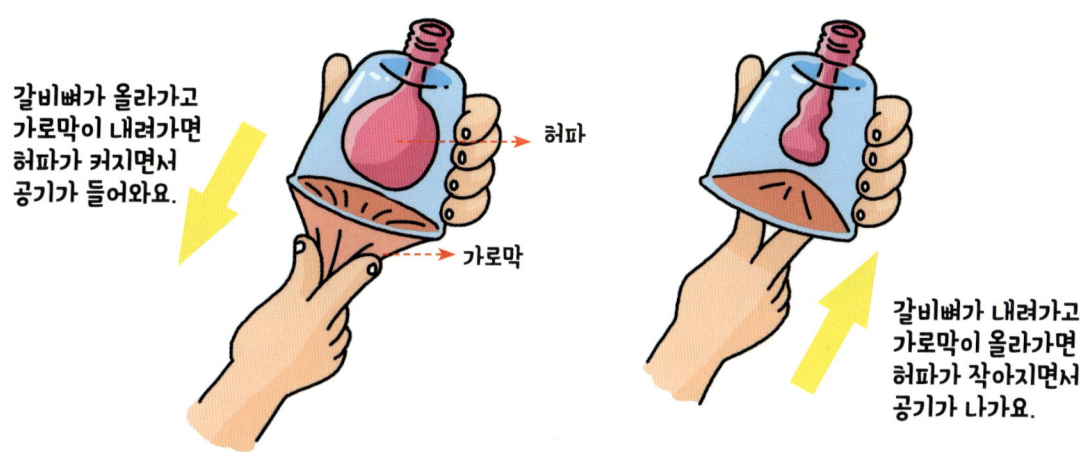

갈비뼈가 올라가고 가로막이 내려가면 허파가 커지면서 공기가 들어와요.

갈비뼈가 내려가고 가로막이 올라가면 허파가 작아지면서 공기가 나가요.

## 집에서 할 수 있는 간단한 실험

① 가위로 페트병을 잘라요.

② 페트병 주둥이에 풍선을 끼우고 안쪽으로 밀어 넣어요.

③ 고무장갑을 페트병 아래쪽에 끼우고 테이프로 고정해요.

④ 고무장갑을 당겼다 놓았다 하며 풍선의 크기를 살펴봐요.

## 물고기들은 어떻게 산소통도 없이 물속에서 살까요?

**01** 산소가 필요 없어서

**02** 산소통이 배에 들어 있어서

**03** 아가미가 있어서

**04** 아주 짧게 살아서

### 생각 키우기

물고기는 아가미가 있어서 물에 녹아 있는 산소를 흡수할 수 있어요. 그래서 물속에서도 마음껏 숨을 쉴 수 있는 거랍니다. 물고기는 입을 뻐끔거리며 물을 들이마신 뒤 아가미로 내보내요. 이때 아가미에서 물속의 산소를 흡수하고, 몸속의 이산화 탄소를 내보내며 숨을 쉬지요.

정답 ❸

# GUESS 08

## 무엇일까요?

| | |
|---|---|
| **첫 번째 힌트** | ★ **얼굴**에 있어요. |
| **두 번째 힌트** | ★ 몸의 **균형**을 잡아 줘요. |
| **세 번째 힌트** | ★ **양쪽에** 두 개가 있어요. |
| **네 번째 힌트** | ★ **고막**이 있어요. |
| **다섯 번째 힌트** | ★ **귀지가 생겨요.** |

 **결정적 힌트** "소리를 들어요."

Ear

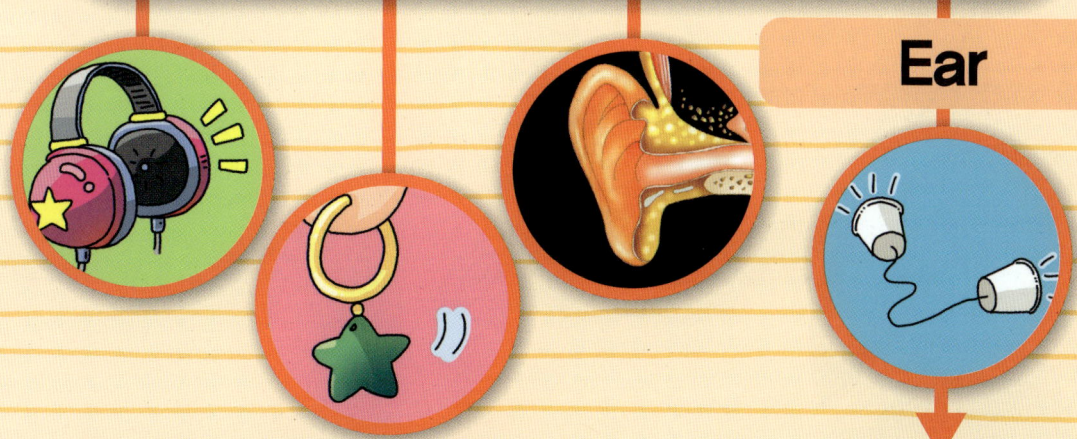

● 위치 : 머리  ● 기관 : 감각 기관
● 기능 : 소리 듣기, 몸의 균형 유지

ㄱ

55

귀

## 소리를 듣는 기관
# 귀

　우리가 보는 귀는 사실 귀의 바깥 부분, 즉 귓바퀴에 불과해요. 중요한 부분은 모두 머리뼈안에 깊숙이 있답니다.
　귀는 **소리를 듣는 기관**이기도 하고, **몸의 균형을 유지하게 하는 기관**이기도 해요.
　소리는 **달팽이관**에서 듣는데, 달팽이처럼 생겨서 이름도 달팽이관이에요. 달팽이관 안에는 림프액이라는 액체가 들어 있어요. 이 림프액이 흔들리면 달팽이관 벽에 붙어 있는 가는 털을 건드리고, 털이 **신경을 자극**해서 뇌가 소리를 느끼게 되지요.
　몸의 균형은 **둥근주머니**와 **타원주머니**, 반원 모양인 세 개의 **반고리관**에서 느껴요. 이 안에는 작은 돌이나 림프액이 들어 있어서, 몸이 기울거나 흔들리면 가는 털을 자극해 몸의 균형 상태를 뇌에 전달하는 거랍니다.

## ◆ 사람은 왜 동물이 듣는 소리를 못 들을까?

동물은 들을 수 있는데 사람은 듣지 못하는 소리도 있답니다. 동물이 듣는 아주 작은 소리나 큰 소리까지 다 듣다 보면 너무 시끄러워서 제대로 생활할 수가 없거든요. 또 시력이 나쁜 박쥐들은 소리로 방향을 찾아야 해서 사람보다 청각이 뛰어난 거랍니다.

## ◆ 귀 덕분에 몸의 균형을 잡을 수 있다고?

귀에 있는 둥근주머니와 타원주머니에는 이석이라고 부르는 작은 돌이 들어 있어요. 몸이 기울어질 때마다 이석이 이리저리 움직이면서 몸의 기울어진 상태를 알게 하지요. 또 반고리관 안에는 림프액이 들어 있어서 머리가 회전할 때마다 같이 움직이며 회전 정도를 알게 해 줘요. 빙글빙글 돌다가 갑자기 멈추면 어지러운 것도, 림프액이 계속 회전하고 있기 때문이지요.

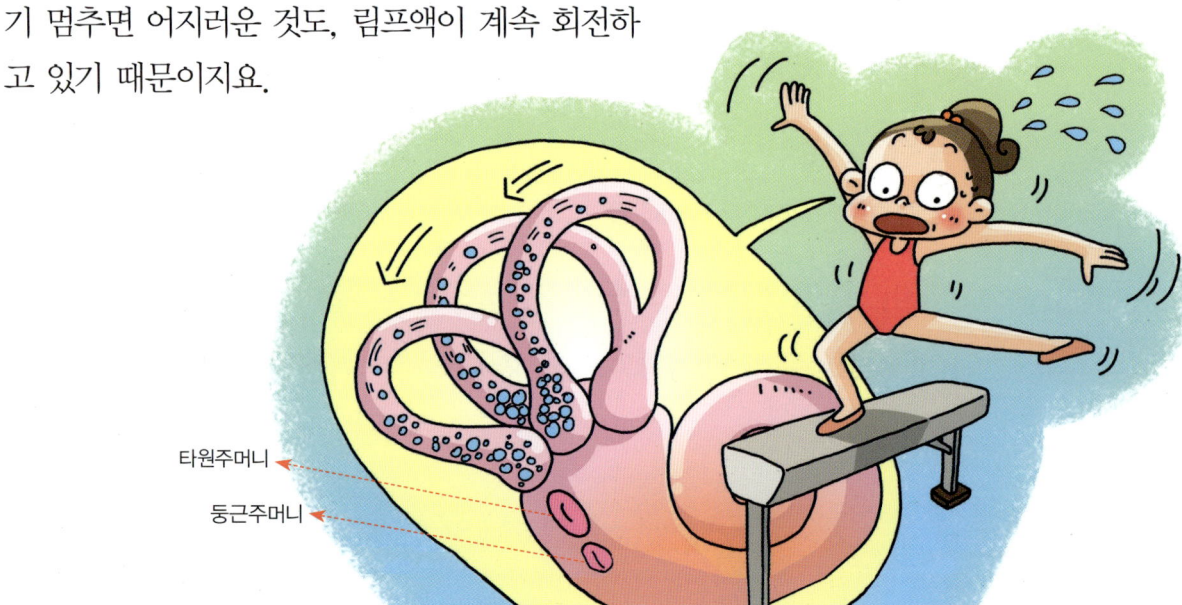

타원주머니
둥근주머니

### ★ 멀미는 왜 할까?

눈에서 보내는 움직임 정보와 귀에서 보내는 움직임 정보가 다르기 때문이에요. 자동차나 배를 타고 있을 때 눈은 우리 몸이 가만히 있다고 신호를 보내는데, 귀에서는 움직이고 있다고 신호를 보내지요. 그러면 뇌에서 혼란이 생겨 멀미를 하는 거랍니다.

### ★ 산에서는 왜 귀가 먹먹해질까?

귓속에 있는 고막은 아주 예민해서 압력이 조금만 변해도 매우 민감하게 반응해요. 그런데 높은 산은 공기가 부족해서 고막을 누르는 공기의 압력이 약해지지요. 공기의 압력이 약해서 귀가 먹먹해지는 거예요. 그럴 때는 하품을 하거나, 침을 삼키면 귀가 뚫린답니다.

## 귀가 두 개라서 좋은 점은 무엇일까요?

**01** 귀고리를 했을 때 유난히 예쁠 수 있다.

**02** 멋진 안경을 낄 수 있다.

**03** 소리의 방향을 알 수 있다.

**04** 듣기 싫은 소리는 한 귀로 듣고 흘릴 수 있다.

### 생각 키우기

귀가 두 개여서 좋은 점은 소리가 어디에서 났는지 알 수 있다는 거예요. 우리 뇌는 소리가 양쪽 귀에 도착한 시간과 소리의 크기를 비교해서 소리가 난 방향을 알아채거든요. 만약 소리가 오른쪽 귀보다 왼쪽 귀에 먼저 들리고, 더 크게 들린다면 왼쪽에서 소리가 난 거랍니다.

# 무엇일까요?

| | |
|---|---|
| 첫 번째 힌트 | ★ **얼굴**에 있어요. |
| 두 번째 힌트 | ★ **구멍**이 두 개 있어요. |
| 세 번째 힌트 | ★ **숨**을 쉬려면 꼭 필요해요. |
| 네 번째 힌트 | ★ 감기가 들면 자꾸 **물**이 나와요. |
| 다섯 번째 힌트 | ★ 코딱지가 생겨요. |

 **결정적 힌트** "냄새를 맡아요."

## Nose

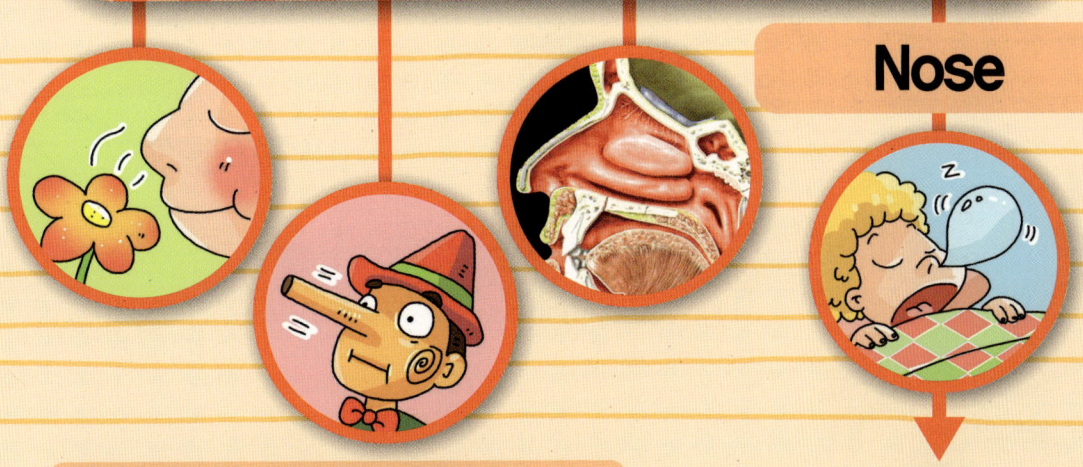

● 위치 : 머리  ● 기관 : 감각 기관, 호흡 기관
● 기능 : 냄새 맡기, 숨 쉬기

코

코

## 냄새 맡고 숨 쉬는 기관

# 코

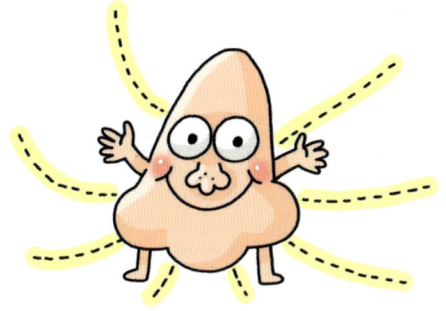

코를 생각하면 무엇이 떠오르나요? 코딱지나 콧물처럼 지저분한 게 생각나지요? 게다가 어른들은 가끔 콧속에서 시커먼 털이 비죽비죽 삐져나오기도 하니 참 보기 싫고요. 그렇지만 **코**도 **코털**도 몸에서 무척 중요한 기관이랍니다.

공기가 우리 몸속에 있는 허파에 도착하려면 코로 **숨**을 쉬어야 해요. 여러분도 이런 경험이 있지요? 감기에 걸리거나 건조해서 코가 막히면 너무 답답해서 입을 벌리고 숨을 쉬잖아요.

코는 우리가 숨을 들이마시거나 내쉬는 **호흡** 활동에서 아주 중요한 일을 하는 **호흡 기관**이랍니다.

그뿐인가요? 코는 **냄새를 맡는 감각 기관**이기도 해요. 냄새를 맡아서 더러운 물건이나 상한 음식도 쉽게 알 수 있답니다.

## ◆ 코가 건강을 지켜 준다고?

냄새를 맡는다는 것은 우리 건강에 아주 중요하답니다. 상한 음식이나 더러운 장소는 나쁜 냄새가 나기 때문에 냄새를 맡으면 미리 피할 수 있으니까요. 코는 우리가 알게 모르게 건강을 지켜 주는 중요한 일을 한답니다.

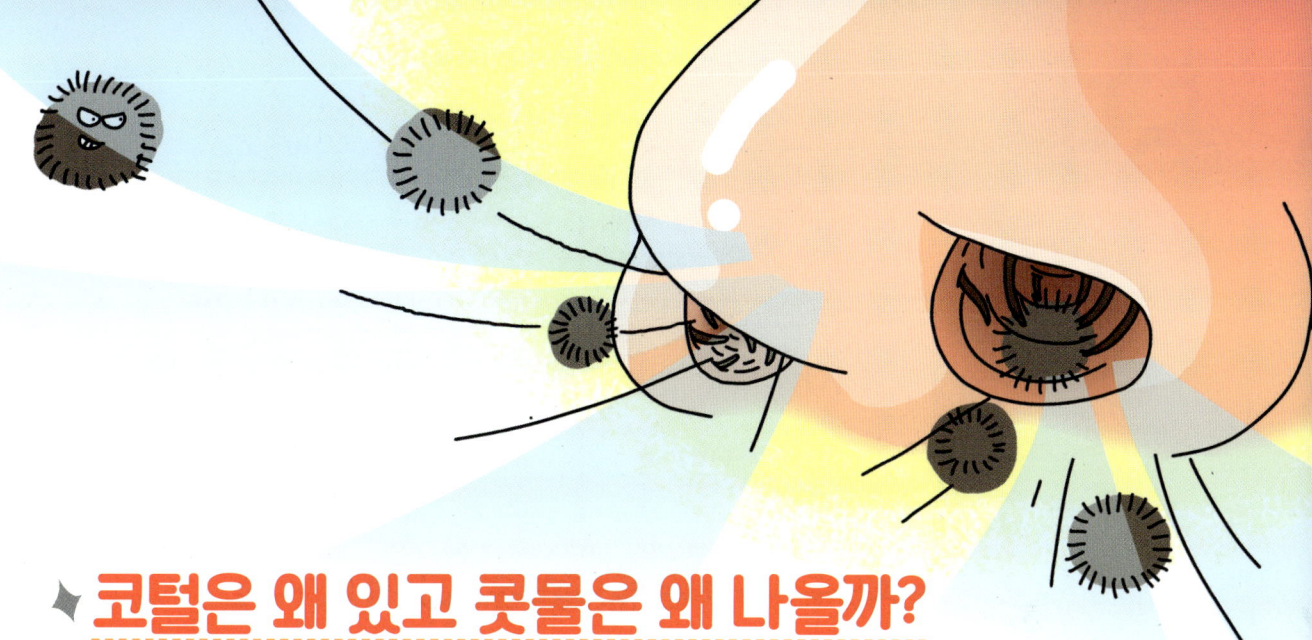

### ◆ 코털은 왜 있고 콧물은 왜 나올까?

코털은 숨을 쉴 때 공기에 섞여 들어온 해로운 먼지를 걸러 줘요. 코털이 다 거르지 못한 아주 작은 물질은 콧물이 잡아 주지요. 끈적끈적한 콧물에 먼지가 달라붙어 굳으면 코딱지가 된답니다.

### ◆ 강아지는 어떻게 냄새를 잘 맡을까?

사람의 코안에는 냄새를 맡는 후각 세포가 500만 개 정도 있다고 해요. 그래서 사람은 4천 가지가 넘는 냄새를 맡을 수 있지요. 그런데 강아지의 후각 세포는 2억 개가 넘는대요. 강아지는 똥 냄새로 그 똥 주인을 알아낼 수 있을 정도라니, 정말 대단하죠?

# 코를 막고 음식을 먹으면
## 왜 맛을 제대로 느끼지 못할까요?

**01** 코를 가려서 불편하니까

**02** 입이 숨을 쉬느라 바빠서

**03** 맛을 느끼는 데는 후각도 필요해서

**04** 답답하니까

### 생각 키우기

맛을 제대로 느끼려면 혀의 미각만으로는 부족하답니다. 코에서 음식의 냄새를 맡아야만 후각과 미각이 어우러져서 음식의 맛을 제대로 즐길 수 있지요. 궁금하면 여러분도 한번 해 보세요. 휴지로 콧구멍을 막은 뒤에 눈을 감고 콜라를 마셔 보는 거예요. 예전에 알던 콜라 맛이 아닐걸요?

# GUESS 10

## 무엇일까요?

| | |
|---|---|
| 첫 번째 힌트 | ★ 몸에서 **가장 아래**에 있어요. |
| 두 번째 힌트 | ★ 동물은 네 개지만 사람은 **두 개**예요. |
| 세 번째 힌트 | ★ **축구**를 해요. |
| 네 번째 힌트 | ★ **양말**을 신어요. |
| 다섯 번째 힌트 | ★ **신발이 필요해요.** |

**결정적 힌트** "발가락이 달렸어요."

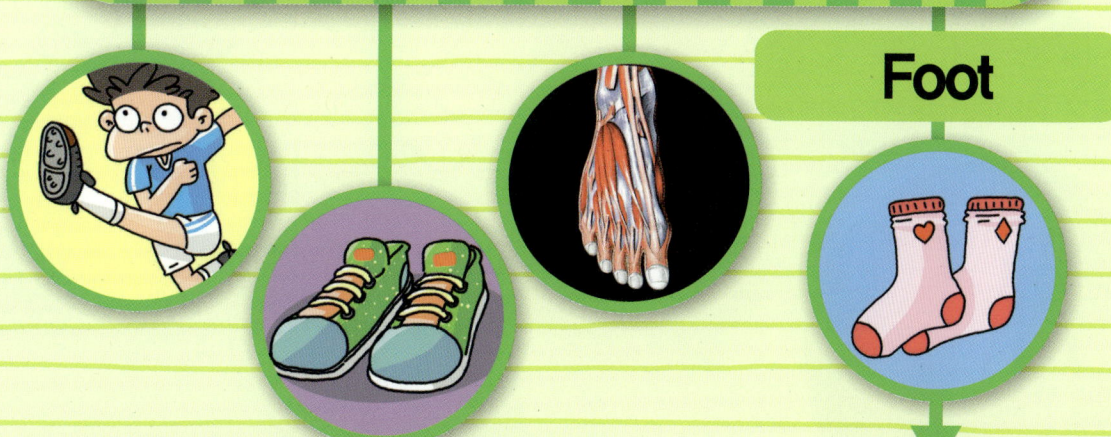

## Foot

발

● 위치 : 양쪽 다리 끝  ● 기관 : 운동 기관
● 기능 : 서기, 걷기, 뛰기

67

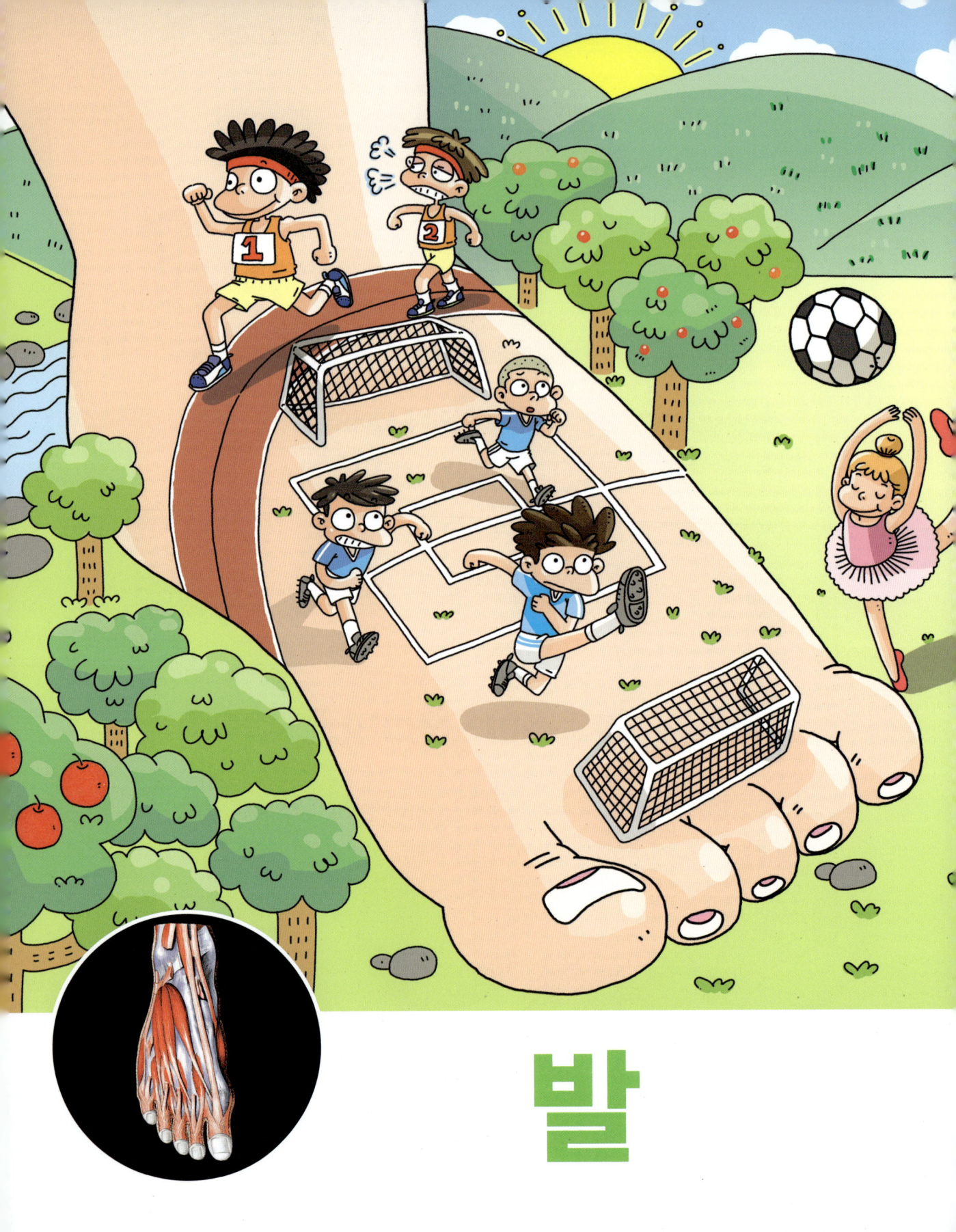

발

## 서고 걸을 때 몸을 지탱하는 기관

# 발

　발은 땅에서 사는 모든 동물에게 없어서는 안 될 이동 수단이에요.

　동물은 대부분 네 발로 다니지만, 사람은 두 발로 다니기 때문에 몸무게를 잘 버틸 수 있도록 다른 동물들보다 발이 더 발달했답니다.

　게다가 사람의 발은 다른 동물들과는 달리 척주 뒤쪽에 자리하고 있어서, 걸음을 크게 하거나 작게 할 수도 있고 힘도 덜 든다고 해요.

　발은 언뜻 보기에는 우리 몸에서 가장 둔하게 생겼지만, 실제로는 그렇지 않아요. **뼈가 활 모양**으로 놓여 있어서 몸무게를 잘 지탱할 수 있고, **근육과 관절**이 많아서 잘 움직일 수 있지요.

　그리고 발가락 끝에는 딱딱한 **발톱이 있어서 발끝을 잘 보호**해 준답니다.

## ✦ 아기는 발로 구분한다고?

아기는 손가락이 작아서 지문이 잘 보이지 않아요. 그럼 병원에서 태어나는 많은 아기는 어떻게 구분할까요? 아기의 발바닥을 도장처럼 찍어서 구분한답니다. 손가락에 지문이 있는 것처럼 발가락과 발바닥에도 사람마다 다른 무늬가 있거든요. 또 발바닥 모양도 다르고요.

## 어떤 발이 평발일까?

발을 옆에서 한번 보세요. 발바닥 중간이 아치 모양으로 오목하게 들어가서 땅에 발바닥 전체가 닿지 않지요? 둥그렇게 아치 모양으로 생기면 평평한 모양보다 무게를 훨씬 더 잘 분산시켜 주기 때문에 보통 사람의 발바닥은 아치 모양을 하고 있어요. 그런데 평발은 발바닥이 평평하게 생겼어요. 발바닥 전체가 땅에 닿기 때문에 무거운 몸을 지탱해 주기 어렵답니다.

## 저마다 다른 동물들의 발!

동물들은 저마다 살아가는 데에 적합한 발을 가지고 있답니다. 달리기를 잘하는 말은 크고 단단한 하나로 된 발굽을 가지고 있어요. 발굽 덕분에 딱딱한 땅 위에서도 빨리 달릴 수 있지요. 또 고양이는 발바닥이 스펀지처럼 푹신푹신해서 높은 곳에서 뛰어내려도 다치지 않는답니다.

# 두 발로 걸으면 네 발로 걷는 것보다 무엇이 좋을까요?

**01** 신발을 네 짝 사지 않아도 된다.

**02** 양말을 네 짝 사지 않아도 된다.

**03** 발 냄새가 적게 난다.

**04** 머리가 커질 수 있다.

### 생각 키우기

사람은 두 발로 걷기 시작하면서 머리가 발달하게 되었답니다. 왜냐하면 네 발로 엎드려서 걸을 때는 머리가 크면 머리를 들거나 균형을 잡기 힘들지만, 두 발로 서서 걸을 때는 머리가 커져도 균형을 잡을 수 있기 때문이에요. 그래서 사람은 다른 동물들보다 몸집에 비해 머리가 큰 편이랍니다.

정답 ❹

| | |
|---|---|
| **첫 번째 힌트** | ★ **얼굴**에 있어요. |
| **두 번째 힌트** | ★ **캄캄한** 곳은 싫어해요. |
| **세 번째 힌트** | ★ 잘 때는 **감고** 쉬어요. |
| **네 번째 힌트** | ★ 온종일 **깜빡**거려요. |
| **다섯 번째 힌트** | ★ 두 개가 한 쌍이에요. |

 **결정적 힌트** "감으면 안 보여요."

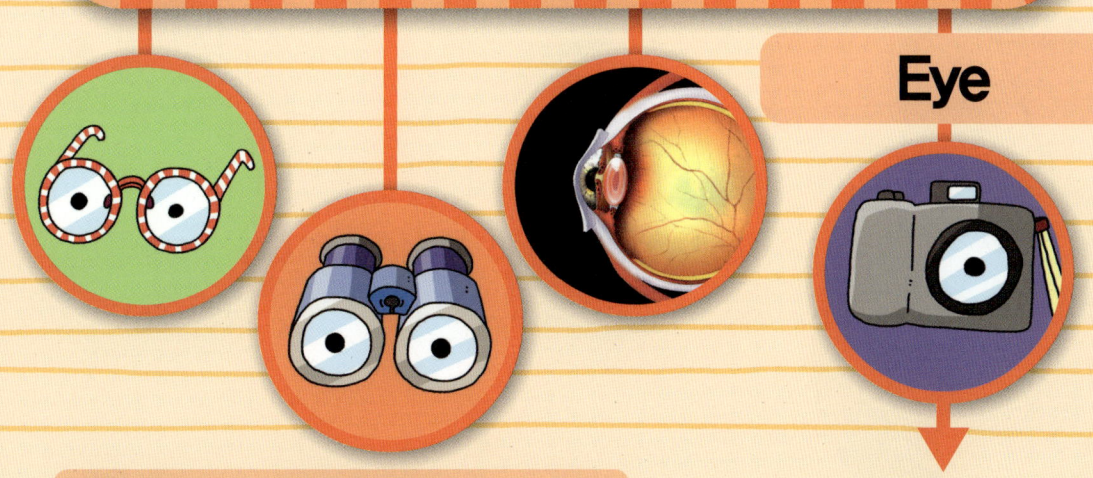

Eye

● 위치 : 머리　　● 기관 : 감각 기관
● 기능 : 사물 보기

## 사물을 보는 기관
# 눈

거울로 눈을 들여다보세요. 눈 가운데에 작고 까만 눈동자가 보일 거예요. 눈동자는 눈 안으로 빛을 받아들이는 구멍이에요. 친구를 보든 TV를 보든 책을 보든, 눈으로 사물을 보려면 빛이 필요하거든요. 그래서 어두운 곳에서는 잘 볼 수 없는 거랍니다.

빛은 사물에서 반사되어 우리 눈으로 들어와요. 그러면 눈 뒤에 있는 **신경**이 **뇌**로 정보를 보내고 뇌는 우리가 무엇을 보고 있는지 알려 준답니다. 이에 따라 우리는 생각과 판단을 할 수 있는 거지요.

그래서 우리가 세상을 살아가는 데 필요한 정보를 가장 많이 얻는 신체 기관이 눈이기도 해요. 옛 어른들은 "눈이 보배다.", "몸이 천 냥이면 눈이 구백 냥이다."라고 말했을 정도랍니다.

## 사람의 눈은 몇 화소*일까?

대개 화소 수가 많을수록 이미지가 선명하게 보인다고 해요. 그래서 카메라가 백만 화소나 천만 화소라며 자랑을 하는데, 우리 눈은 일억 화소쯤 된답니다. 우리 눈의 수정체는 카메라의 렌즈 역할을 하지요.

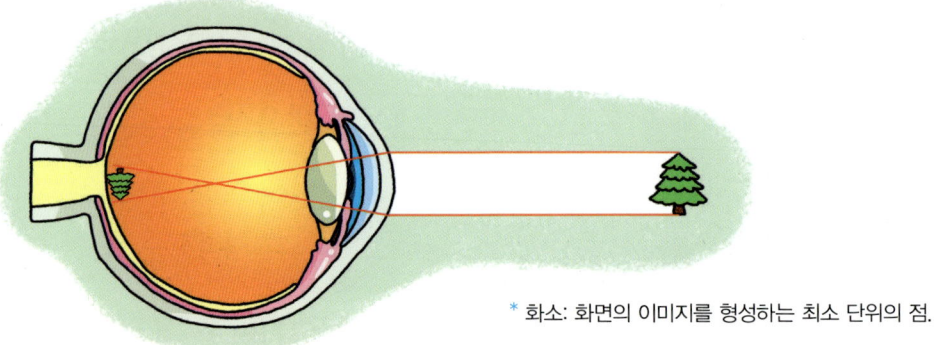

* 화소: 화면의 이미지를 형성하는 최소 단위의 점.

## 갑자기 어두워지면 왜 안 보일까?

눈동자는 작아지기도 하고 커지기도 하면서 빛의 양을 조절해요. 그런데 눈에 들어오는 빛이 갑자기 많아지거나 적어지면 빨리 적응하지 못해서 잠시 눈앞이 안 보이는 거랍니다.

## 안경을 쓰면 왜 잘 보일까?

 우리가 사물을 보고 그 사물의 모습을 뇌가 인식하려면, 눈동자로 들어온 빛이 수정체에서 꺾여 망막에 상*이 맺히고 이 정보를 신경이 뇌로 전달해야 해요.
 사물이 잘 안 보인다는 건, 상이 망막에 제대로 맺히지 않았다는 거예요. 이때 안경에 있는 렌즈는, 상이 망막에 제대로 맺히도록 도와준답니다.
 수정체와 망막 사이의 거리가 정상보다 길거나 짧아서 망막 앞쪽에 상이 맺히면 오목 렌즈로 빛을 퍼뜨리고, 망막 뒤쪽에 상이 맺히면 볼록 렌즈로 빛을 더 모아서 망막에 상이 제대로 맺히게 하는 거지요. 그래서 안경을 쓰면 앞이 잘 보이는 거랍니다.

\* 상: 눈에 보이거나 마음에 그려지는 사물의 형태.

## 우리는 왜 계속 눈을 깜빡일까요?

**01** 윙크 연습을 하려고

**02** 눈싸움에서 누군가 한 명은 져야 하니까

**03** 눈에 물기를 주려고

"난 촉촉한 게 좋더라."

**04** 눈꺼풀이 무거워서

"아~ 눈꺼풀이 무거워서 감겨."

### 생각 키우기

우리는 잠을 잘 때를 빼고는 온종일 눈을 깜빡인답니다. 눈을 깜빡여야 눈물샘이 자극되고, 눈물샘에서 눈물이 나와 눈이 촉촉해지기 때문이에요. 만약 계속 눈을 깜빡이지 않으면 눈에 물기가 말라서 몹시 아플 거예요.

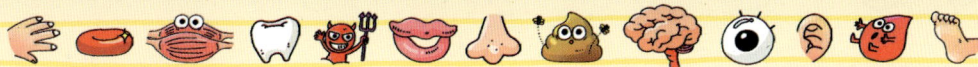

# 무엇일까요?

| | |
|---|---|
| 첫 번째 힌트 | ★ 우리 몸 **어디에나** 있어요. |
| 두 번째 힌트 | ★ 다치면 흘러나오는 **액체**예요. |
| 세 번째 힌트 | ★ 아픈 사람에게 **나눠 주기도** 해요. |
| 네 번째 힌트 | ★ **영양소**를 전달해 줘요. |
| 다섯 번째 힌트 | ★ A형, B형, AB형, O형 등이 있어요. |

 결정적 힌트: **"빨간색이에요."**

Blood

혈

ㅎ ㅇ

● 위치 : 온몸　　● 기관 : 순환 기관
● 기능 : 산소와 영양소 운반

# 혈액

# 혈액

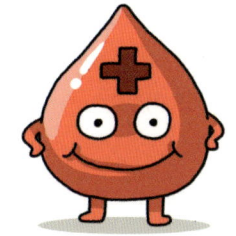

우리 몸속에는 쉬지 않고 온몸 구석구석을 돌아다니며 산소와 **영양소**를 전달해 주는 붉은 액체가 있어요.

바로 **혈액**이에요. 혈액은 몸 곳곳으로 영양소를 날라 주는 혈장과 산소를 날라 주는 **적혈구**, 몸속으로 들어온 나쁜 세균을 잡아먹는 **백혈구**, 혈액이 굳는 것을 도와주는 **혈소판**으로 이루어져 있답니다.

혹시 상처가 난 곳에서 나오는 누런 고름을 본 적 있나요? 이 고름이 바로 백혈구가 몸속으로 들어온 나쁜 세균과 싸우다가 죽은 찌꺼기예요. 상처가 났을 때 혈액이 계속 흐르지 않고 멈추는 것은 혈소판이 혈액끼리 뭉치게 도와준 덕분이지요. 그뿐만 아니라 몸속에 있는 더러운 찌꺼기를 운반하여 버려 주는 것도 혈액이에요. 그러고 보면 혈액은 몸속의 배달부인 동시에 청소부라고도 할 수 있겠죠?

## 혈액형은 왜 나눌까?

사람의 혈액은 엉기는 성질에 따라서 흔히 A형, B형, AB형, O형으로 나누어요. 혈액을 이렇게 나누는 이유는 서로 혈액형이 맞지 않는 사람들끼리 피를 주고받으면 부작용으로 목숨을 잃는 수가 있어서랍니다.

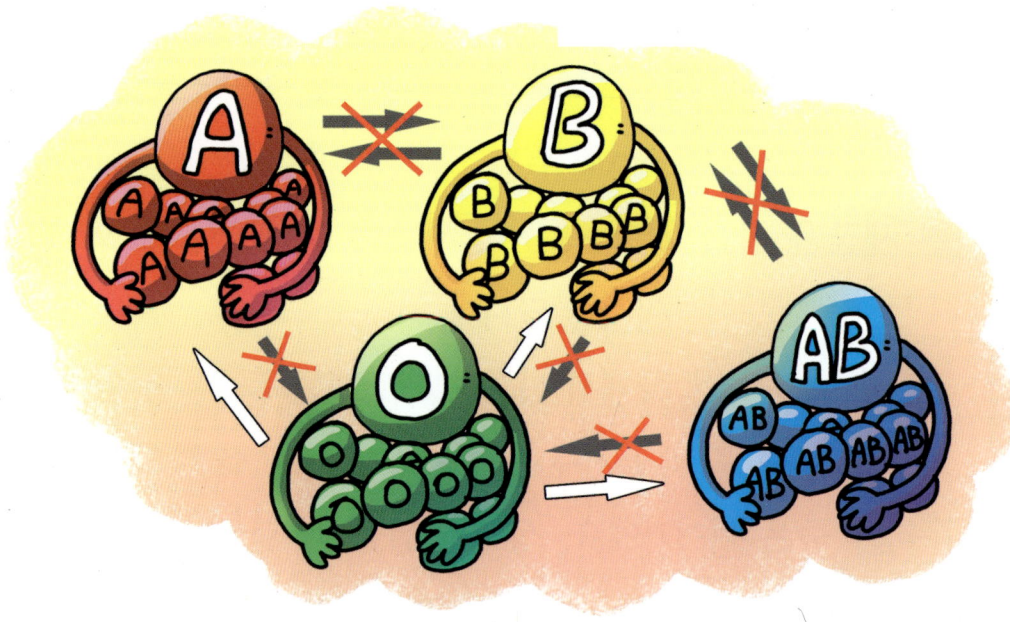

## 혈액형에 따라 정말 성격이 달라질까?

혈액형과 성격은 전혀 관계가 없어요. 성격은 부모님께 물려받은 유전자의 영향보다는 환경과 교육에 의해서 달라지는 경우가 더 많대요.

## 혈액은 어디에서 만들어질까?

사람의 혈액은 뼈에서 만들어져요. 뼈 안에는 혈액을 만들어 내는 공장이 있는데 이것을 골수라고 한답니다.

## 헌혈을 하면 혈액이 줄어들까?

우리 몸에 들어 있는 혈액은 남녀와 나이에 따라 조금씩 차이는 있지만, 대개 5리터 정도예요. 만일 어떤 사고 때문에 혈액이 빠져나가게 되면 빠른 속도로 다시 만들어지는데, 몇 주일이면 모두 회복이 가능해요. 그래서 500밀리리터 정도는 헌혈을 해도 건강에 이상이 없다고 해요.

## 사람의 혈액은 왜 빨간색일까요?

**01** 위험을 경고하기 위해서

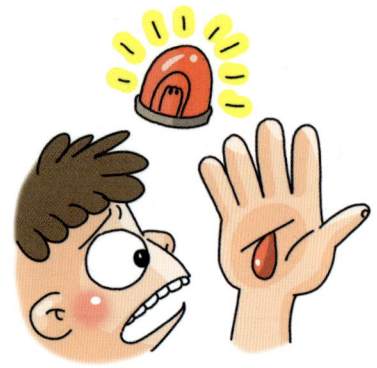

**02** 몸 안에 뜨거운 불이 있어서

**03** 철분이 있어서

**04** 바쁘게 움직여서

### 생각 키우기

철은 공기 중에 오래 있으면 빨갛게 녹이 스는데 이것은 <mark>철분과 산소가 합쳐지면 빨간색을 나타내기</mark> 때문이에요. 혈액의 적혈구 속에 들어 있는 헤모글로빈이라는 물질은 철분을 함유하고 있어요. 이 헤모글로빈이 산소를 운반하기 때문에 혈액이 빨간색을 띠는 거지요. 하지만 조개나 오징어와 같은 동물은 혈액에 구리를 함유하고 있어서 푸른색을 띤답니다.

정답 ❸

# GUESS 13

| | |
|---|---|
| 첫 번째 힌트 | ★ 우리 몸 **어디에나** 있어요. |
| 두 번째 힌트 | ★ 몸을 **변화**시키는 물질이에요. |
| 세 번째 힌트 | ★ **키가 크게** 도와줘요. |
| 네 번째 힌트 | ★ 남자를 남자답게 만들어요. |
| 다섯 번째 힌트 | ★ 몸의 활동을 조절해 줘요. |

 **결정적 힌트** "어른이 되게 해 줘요."

  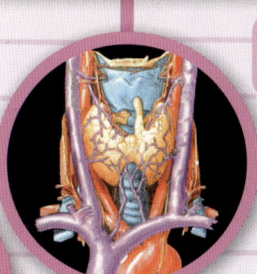

**Hormone**

호 → ㅎㄹㅁ

● 위치 : 온몸  ● 기관 : 그 밖의 기관
● 기능 : 몸의 기능 조절

# 호르몬

# 호르몬

　우리 몸은 조금씩 자라 어른이 되기도 하지만, 남자는 남자답게 여자는 여자답게 변하기도 해요.

　이렇게 몸 구석구석을 돌아다니며 관리해 주고, 몸을 변화시켜 주기도 하는 고마운 물질이 바로 **호르몬**이에요.

　만약 우리 몸의 기관들이 제멋대로 물질을 생산하고 분해하거나, 혈액으로 운반되는 물질의 양이 조절되지 못하면 큰일 나겠지요?

　창고에 물건이 너무 많거나 모자라고, 트럭들이 아무 물건이나 배달하면 안 되는 것처럼 말이에요.

　호르몬은 물건의 생산과 운반을 지시하는 주문서 같은 역할을 해요. 몸의 아주 작은 활동도 놓치지 않고 조절해 준답니다.

　또 위험이 닥치거나 긴장하면 우리 몸이 대처할 수 있도록 힘을 주기도 하는 **아주 중요한 분비물**이지요.

### ◆ 웃으면 정말 건강해질까?

행복을 느끼거나 기분이 좋아서 웃으면 몸에서 '엔도르핀'이라는 호르몬이 나와요. 엔도르핀은 우리를 건강하게 해 준답니다.

### ◆ 여자는 왜 수염이 안날까?

수염은 남성 호르몬의 작용으로 돋아나요. 남자는 남성 호르몬, 여자는 여성 호르몬이 많이 나오기 때문에 여자는 수염이 거의 자라지 않는 거랍니다.

### ◆ 키는 몇 살까지 자랄까?

키가 자라는 나이는 정해진 게 아니에요. 키는 성장 호르몬이 많이 나오고, 뼈의 성장판이 열려 있는 동안에만 자란답니다. 성장 호르몬은 뼈와 근육이 잘 자라게 도와주지요.

## 남자는 왜 젖꼭지가 있을까?

아기가 처음 엄마 배 속에 생겼을 때는 남자인지 여자인지 정해지지 않았어요. 당연히 성호르몬이 나오지도 않고요. 그래서 나중에 성별이 결정될 때를 대비해 남자에게도 젖꼭지가 있는 거랍니다.

## 성호르몬은 어디에서 나올까?

성호르몬은 생식 기관인 남자의 정소와 여자의 난소에서 나와요. 혹시 텔레비전이나 영화에서, 옛날에 궁궐에 살던 내관을 본 적 있나요? 내관들은 남자인데도 여자와 비슷하게 행동하고 말했어요. 정소를 제거하여 남성 호르몬이 나오지 않았기 때문이랍니다.

# 우리 몸에 해로운 호르몬은 무엇일까요?

**01** 환경 호르몬

**02** 여성 호르몬

**03** 남성 호르몬

**04** 성장 호르몬

### 생각 키우기

환경 호르몬은 실제 호르몬이 아니면서 외부로부터 우리 몸에 들어와 호르몬처럼 작용한답니다. 그래서 정작 제대로 움직여 주어야 하는 호르몬이 엉뚱한 일을 하게 만드는 나쁜 물질이지요. 비닐이나 플라스틱, 통조림 캔 등의 물건에 많이 있어서 주의해야 한답니다.

# GUESS 14

 무엇일까요?

| | |
|---|---|
| 첫 번째 힌트 | ★ 세포 안의 **염색체**에 들어 있어요. |
| 두 번째 힌트 | ★ 모든 **생물**이 다 가지고 있어요. |
| 세 번째 힌트 | ★ **아빠, 엄마**에게 물려받아요. |
| 네 번째 힌트 | ★ **머리카락 색, 혈액형** 등을 결정해요. |
| 다섯 번째 힌트 | ★ 우리 몸의 설계도예요. |

**결정적 힌트** "부모님과 나를 닮게 해 줘요."

Gene

유

ㅇㅈㅈ

● 위치 : 온몸  ● 기관 : 그 밖의 기관
● 기능 : 유전, 특징 결정, 생명 복제

91

## 우리 몸의 설계도
# 유전자

"아빠를 똑 닮았네!"

"엄마 닮아서 아주 예쁘구나!"

여러분은 생활하면서 주변 어른들에게 이런 이야기를 많이 듣지요? "피는 못 속인다.", "붕어빵이다."라는 옛말처럼 우리는 부모님을 많이 닮았어요.

사람만이 아니에요. 강아지도 고양이도 모두 자기 부모를 닮아서 태어난답니다.

이렇게 똑같이 닮는 이유는 무엇일까요?

바로 DNA에 담겨 있는 유전자 때문이랍니다.

유전자는 부모로부터 자식에게 물려지는 것으로 자신만의 특징을 만들어 내는 정보예요. 유전자는 세포에 명령을 내려서 몸을 만들고, 세포 하나하나가 할 일을 정해줘요. 우리 몸을 만드는 설계도인 셈이랍니다.

## ◆ 나는 왜 아빠 엄마를 조금씩만 닮을까?

 우리는 아빠와 엄마에게서 유전자를 똑같이 반씩 물려받아요. 그래서 같은 유전자가 둘씩 짝 지어 있지요. 그런데 짝을 이룬 유전자들은 서로 힘겨루기를 해요. 힘이 더 센 유전자가 더 많이 활동해서 몸의 특징을 만들지요. 예를 들어 아빠는 곱슬머리고, 엄마는 곧은 머리라면 곱슬머리 유전자가 더 힘이 세서 여러분은 곱슬머리가 되는 거예요.

## DNA는 어디 있을까?

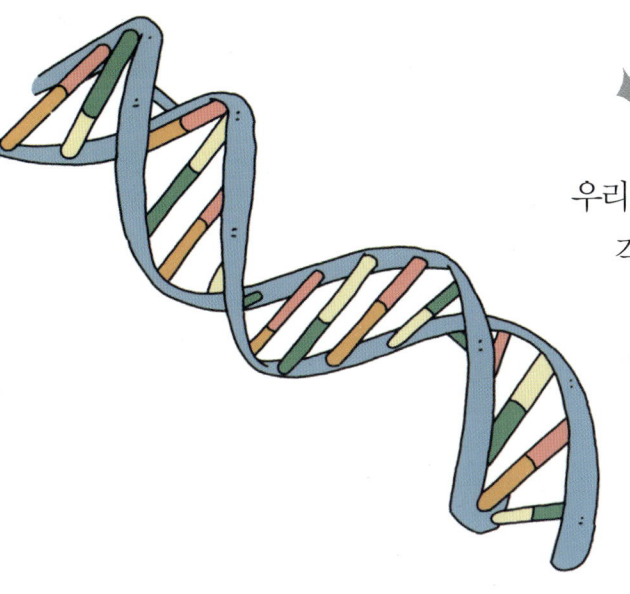

우리 몸은 아주 많은 세포로 이루어져 있어요. 각각의 세포 안에는 핵이 있고, 핵 안에는 ㅅ자, 또는 X자 모양의 덩어리가 있어요. 이 덩어리를 염색체라고 해요. 사람은 23쌍, 즉 46개의 염색체를 가지고 있지요. 염색체는 실이 실타래에 감긴 것처럼 DNA가 꼬이고 뭉쳐 있는 거랍니다.

## 머리카락으로 어떻게 범인을 찾을 수 있지?

범죄 현장에서 머리카락이나 침 성분을 발견하면 그것을 이용해 DNA를 얻을 수 있어요. DNA는 유전자를 담고 있는 그릇이에요. 사람마다 유전자가 다르니까 DNA도 다 다르지요. 그래서 범인일 거라고 생각되는 사람들과 DNA를 비교해 보면 범인을 찾아낼 수 있답니다. 또 DNA를 비교해 보면 부모가 누구인지도 알아낼 수 있지요.

## '클론'은 무슨 뜻일까요?

**01** 가수 이름

**02** 춤 잘 추는 사람

**03** 복제한 생명체

**04** 가장 큰 태풍 이름

### 생각 키우기

클론은 부모를 통하지 않고 DNA를 이용해서 한 생명체를 똑같이 복제해 만든 생명체를 말해요. '복제 양 돌리'가 클론에 속한답니다. 꼭 동물만 복제가 가능한 건 아니에요. 식물도 다 유전자가 있으니까 복제할 수 있답니다.

정답 ❸

## GUESS 15

- **첫 번째 힌트** ★ **온몸**에 골고루 있어요.
- **두 번째 힌트** ★ **단단**해요.
- **세 번째 힌트** ★ **엑스레이**를 찍으면 하얗게 나와요.
- **네 번째 힌트** ★ **혈액**을 만드는 곳이 있어요.
- **다섯 번째 힌트** ★ 우리 몸의 기둥 역할을 해요.

 **결정적 힌트** "문어에게는 없어요."

Bone

뼈

- ●위치 : 온몸
- ●기관 : 운동 기관
- ●기능 : 지지, 보호, 운동, 혈액 만들기

뼈

## 몸을 지탱하는 단단한 기관

# 뼈

　뼈는 우리 몸의 기둥 역할을 해요. 뼈가 없다면 우리는 애벌레나 문어처럼 흐물흐물해서 제대로 서지도 못하고 걷지도 못했을 거예요.

　우리 몸에는 무려 200개가 넘는 뼈가 있는데, 그 뼈들이 모두 기둥 역할만 하는 것은 아니에요. 머리뼈는 **뇌**를 지켜 주고, 갈비뼈는 허파나 심장 같은 중요한 **몸속 기관**들을 지켜 주지요.

　뼈는 겉은 단단하지만 속은 구멍이 숭숭 난 스펀지 모양이에요. 뼈의 가장 안쪽은 긴 대롱처럼 비어 있는데 그 안에 우리에게 꼭 필요한 **혈액을 만드는 기관**이 들어 있답니다.

　기둥도 되고 갑옷도 되고 혈액 공장도 되는 뼈, 정말 대단하지 않나요?

## 우아! 놀라운 인체 이야기

### ✦ 어른이 되면 왜 뼈의 개수가 줄어들까?

갓 태어난 아기는 뼈가 400개도 넘는다고 해요. 그런데 자라면서 여러 개의 뼈가 하나로 합쳐지기 때문에 점차 뼈의 개수가 줄어들지요. 예를 들면 처음에는 머리뼈가 40개가 넘지만, 어른이 되면 28개로 줄어들어요. 그래서 유아들은 뼈의 개수가 300개쯤 되고, 어른들은 206개로 훨씬 줄어든대요.

뼈의 개수는 많지만 얇고 부러지기 쉬워.

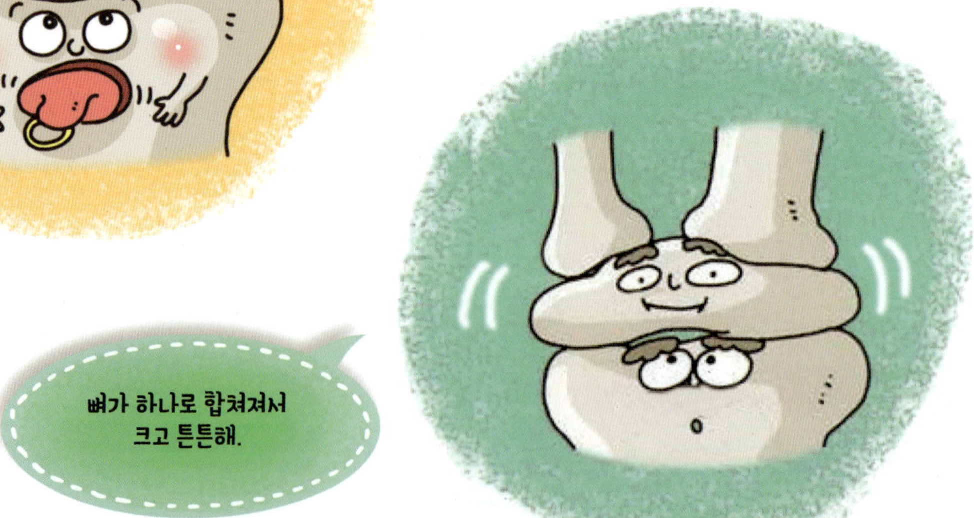

뼈가 하나로 합쳐져서 크고 튼튼해.

## ▶ 아기의 머리뼈는 왜 벌어져 있을까?

뼈는 중요한 부위를 보호해 주는데 그중에서도 두개골이라 불리는 머리뼈는 뇌를 보호하는 중요한 일을 맡고 있어요. 아기 때는 뇌가 더 자라야 하기 때문에 머리뼈가 서로 꽉 닫혀 있지 않지만, 뇌가 다 자라 어느 정도 커지고 난 뒤에는 머리뼈가 닫혀서 단단하게 맞물린답니다.

## ▶ 뼈가 혈액이 된다고?

아니에요. 뼈가 혈액이 될 수는 없지요. 혈액은 뼈 한가운데에 있는 '골수'라는 곳에서 따로 만들어 낸답니다.

# 뼛속은 왜 스펀지처럼 구멍이 숭숭 나 있을까요?

**01** 혈액이 빠져나가려고

**02** 우유를 덜 마셔서

**03** 칼슘이 부족해서

**04** 무게를 줄이기 위해서

### 생각 키우기

뼈가 우리들의 몸을 지탱해 주려면 단단하기도 해야 하지만, 무게도 가벼워야 해요. 그래서 뼈는 우리 몸 전체의 무게를 지탱하면서도 자기의 무게는 덜 나가도록, 그러면서도 쉽게 부러지거나 구부러지지 않게 만들어졌답니다. 속이 꽉 차 있는 것보다 스펀지처럼 생긴 게 훨씬 나은 거지요.

정답 ❹

# GUESS 16

| | |
|---|---|
| 첫 번째 힌트 | ★ 우리 **몸 어디에나** 있어요. |
| 두 번째 힌트 | ★ **뼈가 움직이도록** 도와줘요. |
| 세 번째 힌트 | ★ **심장**을 움직이게 해요. |
| 네 번째 힌트 | ★ 몸의 **운동을 책임**지고 있어요. |
| 다섯 번째 힌트 | ★ 운동하면 배에 王(왕) 자가 새겨져요. |

 **결정적 힌트** "힘을 주면 불룩 튀어나와요."

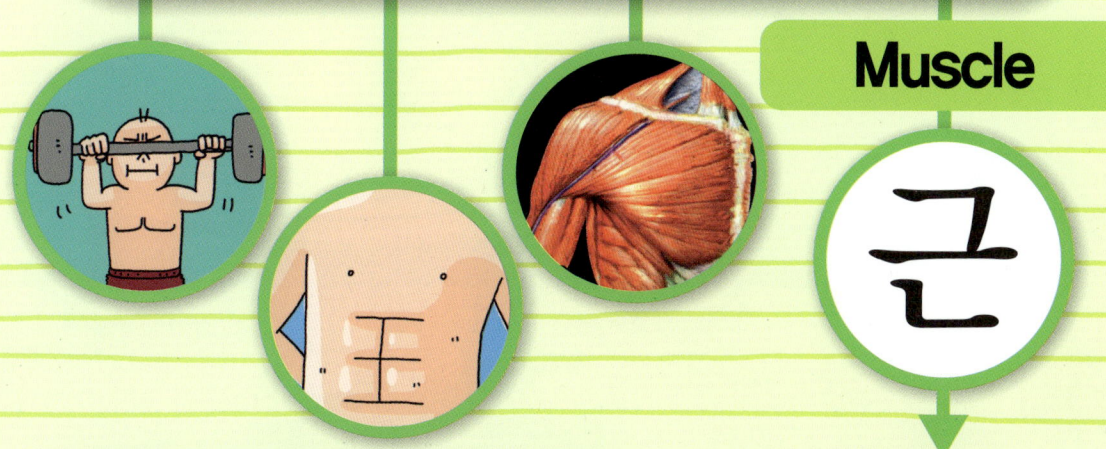

Muscle

근육

● 위치 : 온몸   ● 기관 : 운동 기관
● 기능 : 운동

# 근육

## 뼈와 몸속 기관을 움직이는 기관
# 근육

팔에 힘을 주어 보세요. 팔 위로 불룩하게 튀어나온 알통이 보이나요? 알통은 팔에 있는 근육이 오그라든 거예요. 근육은 크게 **골격근**과 **내장근**, **심장근**으로 나뉘어요.

골격근은 뼈에 붙어서 **뼈를 움직이는 근육**이에요. 골격근이 오그라들면 뼈를 잡아당기고, 늘어나면 뼈를 놓지요. 골격근이 오그라들거나 늘어나면서 뼈를 움직인답니다.

내장근은 위, 기관지, 방광 같은 **내장 기관을 이루고 있는 근육**이에요. 우리가 일부러 시키지 않아도 끊임없이 움직이는 기특한 근육이지요. 덕분에 우리는 생명을 유지할 수 있답니다.

심장근은 **심장을 이루고 있는 근육**이에요. 형태는 골격근과 같지만, 명령하지 않아도 스스로 움직인다는 점에서는 내장근과 같답니다.

## ✦ 맘대로근? 제대로근?

　팔다리의 근육처럼 내가 움직이고 싶을 때 움직이는 근육을 '맘대로근(수의근)'이라고 하고, 심장이나 위의 근육처럼 스스로 알아서 움직이는 근육을 '제대로근(불수의근)'이라고 해요. 또한 근육의 형태에 따라 가로무늬가 있으면 '가로무늬근', 무늬가 없으면 '민무늬근'이라고도 해요.

## 근육과 지방은 무엇이 다를까?

근육은 에너지를 써서 우리 몸을 움직이게 해 주고, 지방은 쓰고 남은 에너지를 모아 두어요. 운동을 하면 근육이 에너지를 많이 써서 몸속의 지방이 줄어들지요. 반대로 많이 먹고 움직이지 않으면 지방이 계속 쌓여서 비만이 된답니다.

## 심장만 근육이 다르다고?

심장은 다른 기관에서는 볼 수 없는 독특한 근육으로 이루어져 있어요. 골격근처럼 가로무늬근이지만, 내장근처럼 스스로 움직이지요. 그래서 특별히 '심장근'이라고 구분해서 부른답니다.

# 심장 근육은 왜 우리 마음대로 움직일 수 없을까요?

**01** 고집이 세서

"이런, 심장근 같은 말이라니."

**02** 말을 들을 수 없어서

"심장도 나랑 비슷한가?"

**03** 중력의 작용 때문에

"내 영향을 받지 않는 건 없어!"

**04** 언제나 스스로 움직여야 하기 때문에

"어차피 인생은 외로운 법!"

### 생각 키우기

심장은 우리가 움직이라고 시키지 않아도 스스로 움직여야 해요. 그래야 우리가 자거나 다른 일을 하느라 신경 쓰지 못해도 계속 움직일 테니까요. 만약 심장이 우리가 뛰라고 할 때만 뛴다면 명령하는 걸 깜박하거나 잠이 들었을 때는 뛰는 걸 멈춰 버릴 거예요.

# GUESS 17

## 무엇일까요?

| | |
|---|---|
| 첫 번째 힌트 | ★ **얼굴**에 있어요 |
| 두 번째 힌트 | ★ 음식을 **먹어요.** |
| 세 번째 힌트 | ★ **말**을 해요. |
| 네 번째 힌트 | ★ **혀**가 있어요. |
| 다섯 번째 힌트 | ★ **치아가** 있어요. |

**결정적 힌트** "**입술이** 있어요."

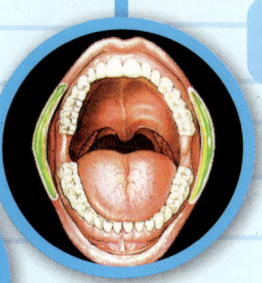

## Mouth

● 위치 : 머리   ● 기관 : 소화 기관
● 기능 : 음식물의 소화, 말하기, 숨 쉬기

109

입

## 음식을 먹고 소리를 내는 기관
# 입

　입은 모든 동물에게 있어 참 중요한 기관이에요. 동물이 움직이고 활동하려면 음식물을 먹어 영양소를 섭취해야 하는데 이 중요한 활동을 입이 하기 때문이지요. 음식을 먹을 때는 입술과 혀와 치아가 필요하답니다. 이 세 가지가 기막힌 조화를 이루면서 먹는 활동을 하지요.

　입은 또한, 서로 생각을 전하고 마음을 나눌 수 있도록 소리 내는 것을 도와줘요. 그럴 때는 입술, 혀, 치아 외에 목에 있는 성대도 함께 작용해요. 성대에서 소리를 내고 입술, 혀, 치아가 정확하게 발음할 수 있도록 **소리를 변화**시켜 준답니다.

　하지만 이 모든 활동을 하기 위해서는 턱관절도 꼭 필요해요. 아무리 뛰어난 입이라도 턱관절이 움직여 주지 않으면 말하거나 먹는 등의 활동을 제대로 할 수 없답니다.

## 입으로 말하는데 왜 목소리라고 할까?

노래를 부르거나 말을 하는 기관은 입이랍니다. 입술과 볼과 혀가 입안에 공간을 만들면서 'ㅏ, ㅗ, ㅡ, ㅣ' 따위의 모음이 나오고, 입술과 혀 등이 입안에서 서로 닿고 떨어지면서 'ㄱ, ㄴ, ㄷ' 따위의 자음을 만들어 내는 거예요. 이때 치아도 한몫하지요. 하지만 소리가 처음 나오는 곳은 목 안에 있는 성대이기 때문에 '목소리'라고 말하는 거랍니다.

## 입술은 왜 빨간색일까?

입술은 피부가 아주 얇아서 피부 아래의 가는 혈관까지 다 비쳐요. 그래서 입술이 빨간색으로 보이는 거랍니다.

## 음식을 먹으면 입은 무슨 일을 할까?

입이 하는 가장 중요한 일은 음식을 먹는 거예요. 음식물이 입으로 들어오면 턱을 움직여서 치아로 음식물을 잘게 부수고, 소화액인 침은 음식물을 소화하기 쉬운 걸쭉한 상태로 만들어요. 혀는 음식물과 침을 잘 섞이게 하고, 치아가 잘 씹게 도와주고, 음식물을 굴려 목구멍으로 넘겨 주지요.

## 입안에는 침샘이 몇 개?

침은 음식물을 물러지게 해서 소화가 잘되게 하고, 삼키기도 쉽게 도와줘요. 침은 침샘에서 만들어져 관을 통해 입안으로 보내지는데, 귀 밑에는 '귀밑샘', 턱 밑에는 '턱밑샘', 혀 밑에는 '혀밑샘'이 각각 한 쌍씩 있지요. 이것 말고도 입안에는 아주 작은 침샘들이 많이 있답니다.

# 입천장에는 왜 물결무늬의 주름이 있을까요?

**01** 눈에 보이지 않으니까 대충 만들어서

**02** 때가 껴서

**03** 음식물이 미끄러지지 않게 하려고

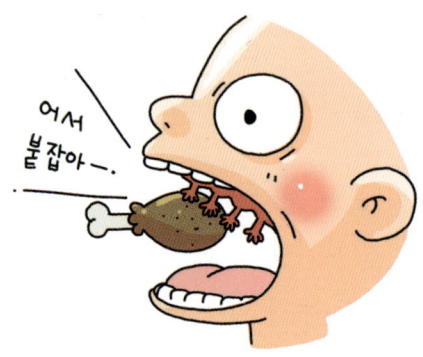

**04** 물을 많이 마셔서

### 생각 키우기

입천장에 혀를 한번 대 보세요. 우툴두툴한 물결무늬가 느껴지나요? 입천장이 이렇게 생긴 이유는 바로 음식물이 미끄러지지 않게 하려는 거랍니다. 치아가 음식물을 잘게 부수는 동안 혀와 입천장이 음식물을 눌러 식도로 넘어가지 않게 하지요. 음식물이 제대로 씹히지도 않고 그냥 식도로 넘어가 버리면 위가 피곤할 테니까요.

정답 ❸

# GUESS 18

## 무엇일까요?

| | |
|---|---|
| 첫 번째 힌트 | ★ 우리 **몸 어디에나** 있어요. |
| 두 번째 힌트 | ★ 몸을 자유롭게 **움직이는 데 필요**해요. |
| 세 번째 힌트 | ★ **인대**가 붙어 있어요. |
| 네 번째 힌트 | ★ **윤활액**이 들어 있어요. |
| 다섯 번째 힌트 | ★ 턱, 손목, 무릎 등에 있어요. |

**결정적 힌트**: "뼈와 뼈 사이에 있어요."

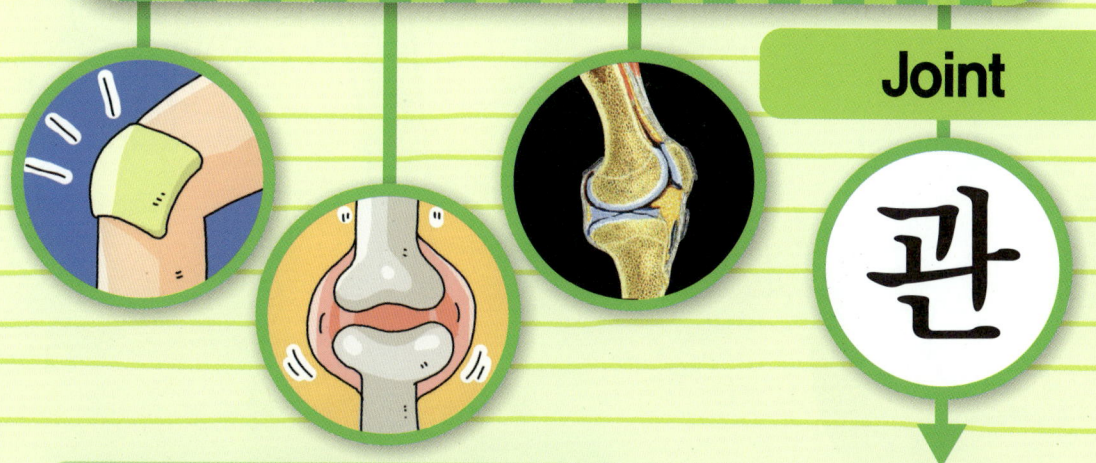

**Joint**

# 관

ㄱㅈ

- 위치 : 온몸
- 기능 : 운동
- 기관 : 운동 기관

## 뼈와 뼈가 맞닿아 연결되는 부분
# 관절

　우리 몸을 지탱해 주는 뼈는 여러 개의 마디로 이어져 있어요. 이렇게 뼈와 뼈가 서로 맞닿아 연결되는 부분이 **관절**이에요. '뼈마디'라고도 부르지요. 관절은 몸이 자유자재로 움직일 수 있게 해 주고, 뼈들이 서로 떨어지지 않게 지탱해 주기도 해요.

　관절은 **연골, 인대, 윤활액** 등으로 이루어져 있어요.

　연골은 물렁뼈라고도 하는데, 관절을 이루는 뼈끝을 덮고 있지요. 뼈가 부드럽게 움직이게 하고 쿠션처럼 충격을 흡수해 준답니다. 인대는 뼈와 뼈를 연결해 주지요. 끈끈한 액체인 윤활액은 뼈가 닳지 않고 움직일 수 있게 도와준답니다. 마치 기계가 잘 돌아갈 수 있게 기름을 치는 것과 비슷한 거예요.

　그런데 관절은 신체 부위에 따라 모양도 다르고, 하는 일도 다르답니다.

## ✦ 얼굴에도 관절이 있다고?

얼굴에는 관절이 딱 하나 있어요. 바로 턱뼈를 머리뼈에 연결하는 턱관절이지요. 턱관절 덕분에 자유롭게 입을 벌려 말도 하고, 음식물도 씹고, 하품도 할 수 있답니다. 하지만 턱관절은 다른 곳보다 느슨하게 이어져 있어서 입을 지나치게 크게 벌리면 턱뼈가 빠질 수 있으니 조심해야 해요.

## ◆ 우리 몸에서 가장 큰 관절은?

무릎에 있는 '무릎 관절'은 몸에서 가장 큰 관절이에요. 무릎을 구부렸다 폈다 할 때 쓰지요. 무릎 관절은 다른 관절에 비해 움직임도 많고, 몸무게도 지탱해야 하기 때문에 다치기 쉬워요. 특히 걸을 때는 몸무게의 2배가 넘는 힘이 무릎 관절을 누른답니다.

## ◆ 뼈를 움직이는 건 뭘까?

뼈는 스스로 움직이지 못해요. 뼈에 연결된 근육이 오그라들거나 늘어나면서 뼈를 움직여 준답니다. 뼈에는 힘줄과 인대도 붙어 있어요. 힘줄은 뼈와 근육을 연결해 관절이 잘 움직이게 하고, 인대는 뼈와 뼈를 연결하고 감싸서 관절을 보호하지요.

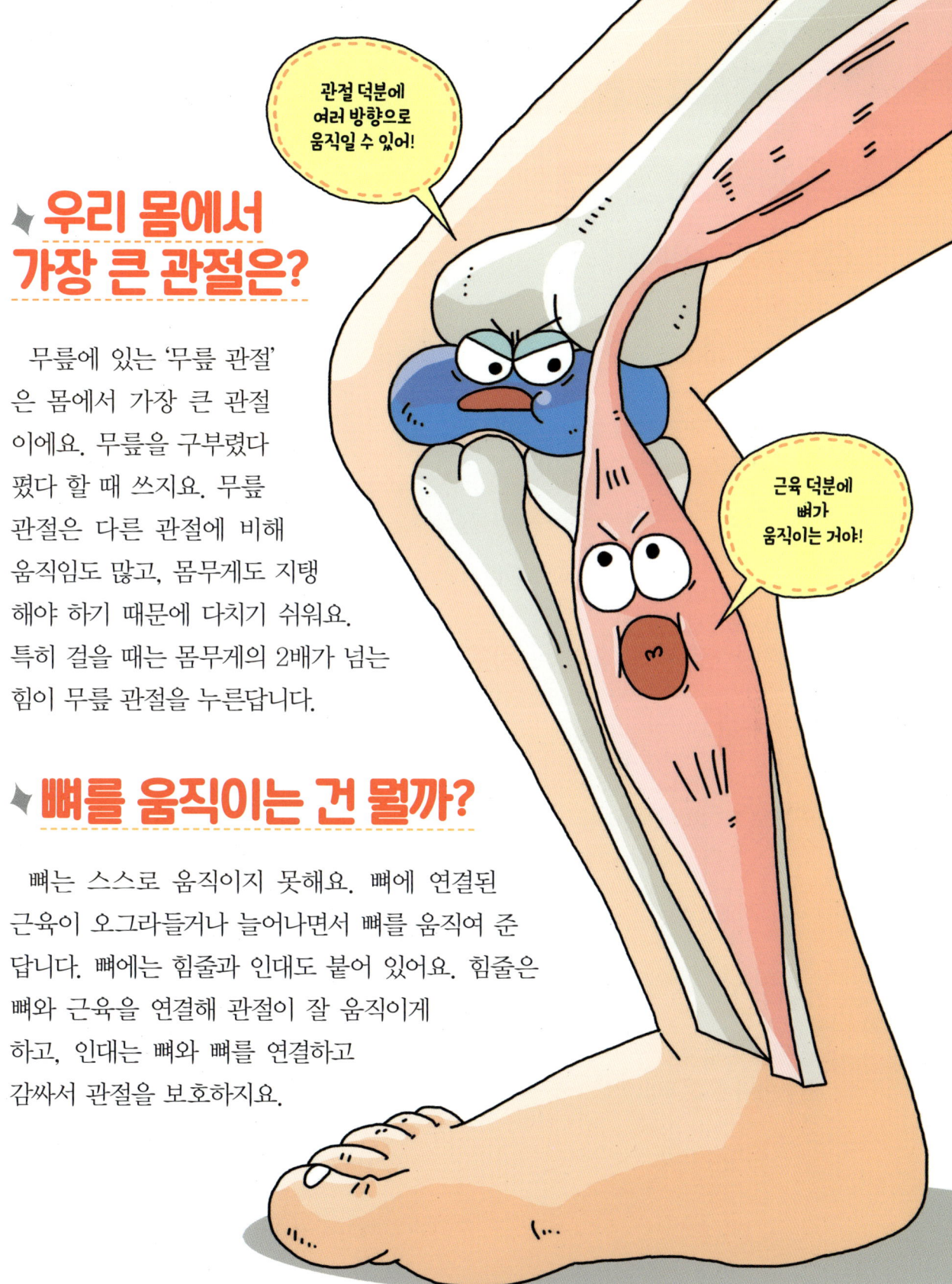

관절 덕분에 여러 방향으로 움직일 수 있어!

근육 덕분에 뼈가 움직이는 거야!

## 무릎 관절을 움직일 때 왜 가끔씩 뚝뚝 소리가 날까요?

**01** 뼈끼리 부딪쳐서

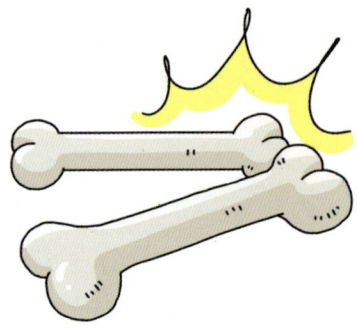

**02** 상대방을 겁주려고

**03** 윤활액에서 공기가 빠져나가서

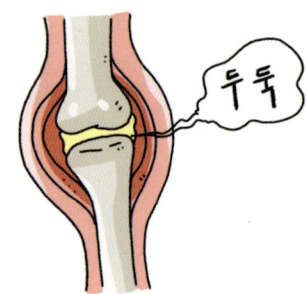

**04** 뼈가 부러져서

### 생각 키우기

관절은 물렁뼈인 연골과 인대, 그리고 움직임을 부드럽게 해 주는 윤활액으로 이루어져 있어요. 관절에서 뚝뚝 소리가 나는 건, 윤활액 속의 공기가 갑자기 빠져나가면서 들리는 소리랍니다. 간혹 근육이 뒤틀렸다가 갑자기 풀리면서 소리가 날 수도 있다고 해요.

정답 ❸

# GUESS 19

## 무엇일까요?

| 첫 번째 힌트 | ★ 몸에서 **가장 위**에 있어요. |
| 두 번째 힌트 | ★ **딱딱**해요. |
| 세 번째 힌트 | ★ **지휘자** 같은 역할을 해요. |
| 네 번째 힌트 | ★ **자꾸 써야** 좋아진대요. |
| 다섯 번째 힌트 | ★ 뒷부분을 뒤통수라고 불러요. |

**결정적 힌트**: "머리카락이 나 있어요."

Head

머 → ㅁㄹ

- 위치 : 목 위
- 기관 : 신경 기관
- 기능 : 뇌와 감각 기관(눈, 코, 귀, 입)의 수용

머리

## 뇌가 들어 있는 부분
# 머리

회사나 모임에서 가장 높은 사람을 우두머리라고 하지요?

머리는 우리 **몸 가장 높은 곳**에 있을 뿐 아니라, 몸에서 가장 중요한 **뇌가 들어 있는 부분**이에요. 온몸을 이끄는 지휘자 같은 역할을 하지요. 그래서 가장 높은 사람을 우두머리라고 부른답니다.

머리에서 눈, 코, 입이 있는 앞면을 **얼굴**이라고 하고, 머리의 뒷부분을 **뒷머리** 또는 **뒤통수**라고 해요. 그리고 양쪽 귀와 관자놀이가 있는 부분을 **옆머리**라고 부르지요. 또 머리카락이 나 있는 머리 위의 가장 높은 한가운데를 **정수리**라고 부르고, 눈썹 위로부터 머리카락이 난 아래까지의 부분을 **이마**라고 불러요.

알고 보니 우리의 머리는 나뉘는 부분도 많고, 중요한 기관도 많지요?

## ☆ 얼굴은 왜 머리에 있을까?

'머리' 하면 가장 먼저 떠오르는 것은 얼굴이에요. 얼굴에 있는 눈, 코, 입과 옆머리에 있는 귀는 정말로 중요한 기관이지요. 이것들은 모두 감각 기관으로, 주변의 자극을 느끼고 받아들여 뇌로 전해 준답니다. 살아가는 데 무척 중요하기 때문에 뇌와 가장 가까운 머리에 있고, 머리에서도 앞쪽에 있는 거랍니다.

## 재주 많은 얼굴 근육

얼굴의 피부 아래에는 크기도 모양도 다양한 여러 근육이 붙어 있어요. 얼굴 근육 덕분에 섬세하게 표정을 짓고, 눈을 깜빡이고, 콧구멍을 벌렁거리고, 입을 움직이고, 음식을 씹을 수 있지요. 얼굴은 피부 감각도 다른 곳보다 예민해서 위험에 빨리 대처할 수 있답니다.

## 표정을 만드는 얼굴 신경

우리는 웃고, 울고, 화내고, 찡그리는 등 얼굴의 표정으로 기분이나 느낌을 나타내곤 해요. 표정은 얼굴 신경이 조절하지요. 얼굴 신경이 얼굴 근육에 명령을 내리면, 얼굴 근육이 명령에 따라 움직여서 표정이 만들어지는 거예요.

## 머리를 부딪치거나 꿀밤을 맞으면
## 왜 볼록하게 혹이 튀어나올까요?

**01** 선생님께 알리려고

**02** 의사가 진찰하기 편하라고

**03** 열이 나서

**04** 피부가 얇아서

### 생각 키우기

우리 몸의 다른 곳은 다쳐도 볼록하게 혹이 튀어나오지 않지요? 그 이유는 피부가 두껍기 때문이에요. 피부가 두꺼우면 다쳐서 혈액이 흘러나와도 스며들 공간이 있거든요. 그런데 머리 부분은 피부가 얇은 데다가 바로 밑이 단단한 머리뼈로 되어 있어요. 혈액이 스며들 공간이 없으니까 피부 안에 혈액이 고여서 볼록하게 혹이 나는 거랍니다.

정답 ❹

# GUESS 20

## 무엇일까요?

| 첫 번째 힌트 | ★ 너무 **길면** 잘라요. |
|---|---|
| 두 번째 힌트 | ★ 여러 모양으로 **멋을 내기도** 해요. |
| 세 번째 힌트 | ★ 외국 사람들은 **색깔이** 달라요. |
| 네 번째 힌트 | ★ 체모 중 가장 많고 풍성하게 **자라요.** |
| 다섯 번째 힌트 | ★ 닦는다고 하지 않고 감는다고 해요. |

 **결정적 힌트** "머리에 있어요."

**Hair**

머 → ㅁ ㄹ ㅋ ㄹ

- 위치 : 머리
- 기능 : 머리 보호
- 기관 : 그 밖의 기관

머리카락

# 머리카락

머리를 지켜 주는 털

　우리 몸에는 중요한 부위마다 모두 털이 있어요. 몸에 난 털은 어려운 말로 '체모'라고도 부르지요.

　체모 중에서도 가장 많고 풍성하게 자라는 것이 머리카락이에요. 머리카락은 강한 충격이나 햇빛, 더위와 추위 등으로부터 머리를 지켜 주지요. 단단한 머리뼈로 둘러싸인 것도 모자라 머리카락까지 뒤덮고 있는 걸 보면, 머리가 얼마나 중요한지 알 수 있겠죠?

　머리카락은 사실 다른 털과 마찬가지로 **피부가 단단하게 변한** 거예요. 손발톱과 마찬가지로 몸을 보호하기 위해 생겨난 거지요.

　그럼 대체 머리카락은 몇 개나 될까요? 사람마다 다르기는 하지만, 대개 10만 개쯤 자란다고 해요. 머리카락이 몇 개인지 한번 세어 볼래요?

## 🔖 모든 동물에게 털이 있을까?

　뱀이나 개구리, 물고기처럼 주위 온도에 따라 체온이 변하는 동물은 몸에 털이 없어요. 대신 피부가 두껍고 딱딱한 비늘이나 갑각으로 변했지요. 하지만 곰이나 새처럼 주위 온도에 관계없이 체온을 일정하게 유지하는 동물은 더위와 추위로부터 몸을 지키기 위해 몸이 털이나 깃털로 덮여 있답니다.

## 머리카락은 언제 잘 자랄까?

사람의 머리카락은 대개 한 달에 1센티미터쯤 자라요. 하루 중에서는 오전 10시쯤에 가장 빨리 자라고, 밤에는 거의 자라지 않지요. 계절로는 봄과 초여름에 가장 빨리 자라고, 가을부터는 잘 자라지 않아요. 또 길이가 너무 길면 영양소가 머리카락 끝까지 가기 힘들기 때문에 잘 자라지 못한답니다.

못 믿겠으면 세어 봐!

## 털은 몇 개나 될까?

우리 몸은 몇 군데를 빼고는 모두 털이 나 있어요. 머리카락이나 눈썹, 수염처럼 굵고 진한 털이 나기도 하고, 눈에 보이지 않을 만큼 아주 작고 보드라운 솜털이 나기도 하지요. 몸에 난 털을 모두 세어 보면 500만 개쯤 된다고 해요.

## 흰 머리카락은 왜 생길까요?

**01** 자식이 속상하게 해서

**02** 고생을 많이 해서

**03** 염색을 잘못해서

**04** 멜라닌 색소가 부족해서

### 생각 키우기

우리 몸의 털은 모두 피부가 변한 거예요. 피부색이 멜라닌 색소의 양에 따라 정해지는 것처럼, 머리카락 색도 멜라닌 색소의 양에 따라 달라지지요. 대개 나이가 들면 멜라닌 색소가 적어지거나 없어져서 머리카락이 하얗게 된답니다.

# GUESS 21

**첫 번째 힌트** ★ 둥근 통 모양으로 생겼어요.
**두 번째 힌트** ★ 머리와 가슴 사이에 있어요.
**세 번째 힌트** ★ 성대가 있어요.
**네 번째 힌트** ★ 공기가 지나가는 통로예요.
**다섯 번째 힌트** ★ 음식물이 지나가는 통로이기도 해요.

**결정적 힌트** "여기서 나오는 소리는, 목소리"

### Neck

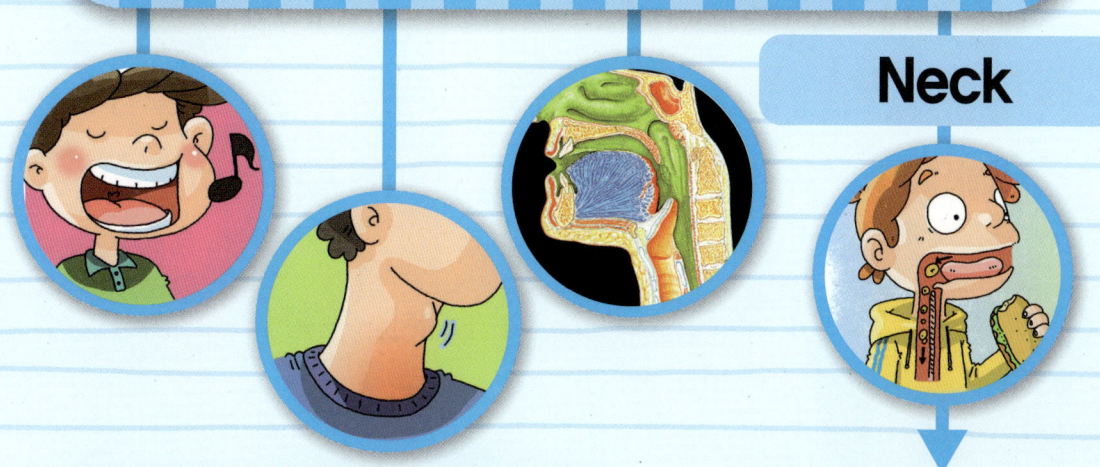

● 위치 : 머리와 가슴 사이   ● 기관 : 소화 기관, 호흡 기관
● 기능 : 머리 지탱, 머리와 몸통 연결, 숨 쉬기, 소화, 말하기

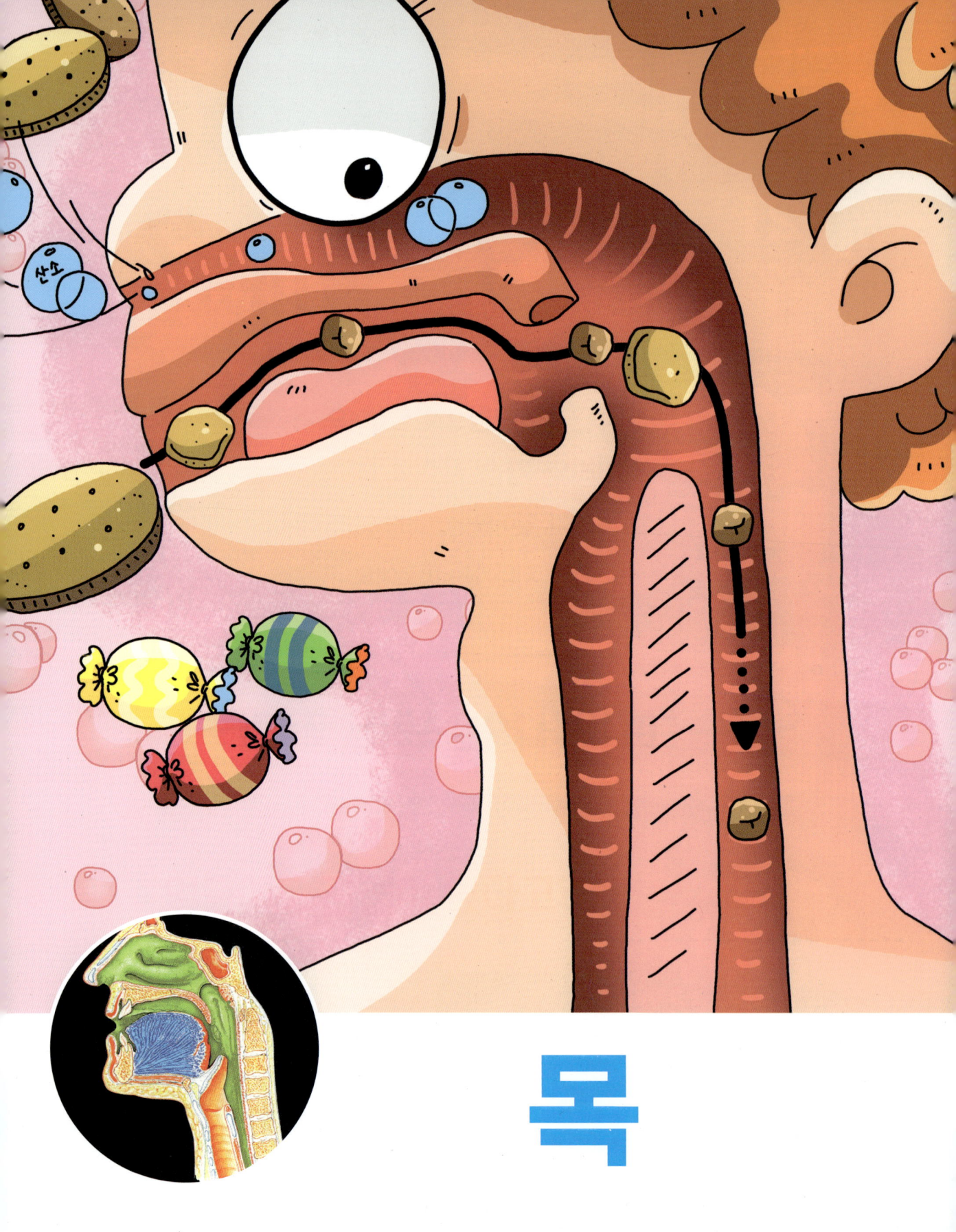

목

**머리와 몸통을 잇는 부분**

# 목

목은 머리와 가슴을 잇는 길고 둥근 통 모양 기관이에요. 머리와 몸통을 이어 주고, 머리를 지탱하지요.

목구멍 안쪽은 크게 **후두**, **기관**, **식도**로 나뉘어 있어요. 후두는 목 앞쪽 부분으로 **성대**가 있어서 소리를 낼 수 있지요. 또 후두의 맨 위에는 **후두덮개**가 있어서 뚜껑처럼 후두를 덮었다 열었다 한답니다. 기관은 후두와 허파를 이어 주는 통로로 **공기가 지나다니는 길**이에요. 식도는 **음식물이 지나다니는 길**로 위와 연결되어 있지요. 근육을 꿈틀꿈틀 움직여서 입에서 삼킨 음식물을 위로 내려보낸답니다.

그뿐 아니라 귀에 있는 **고막**에도 영향을 주어서, 귀 안의 기압을 조절해 주기도 해요. 그래서 귀가 먹먹해지면 침을 삼키라고 하는 거지요.

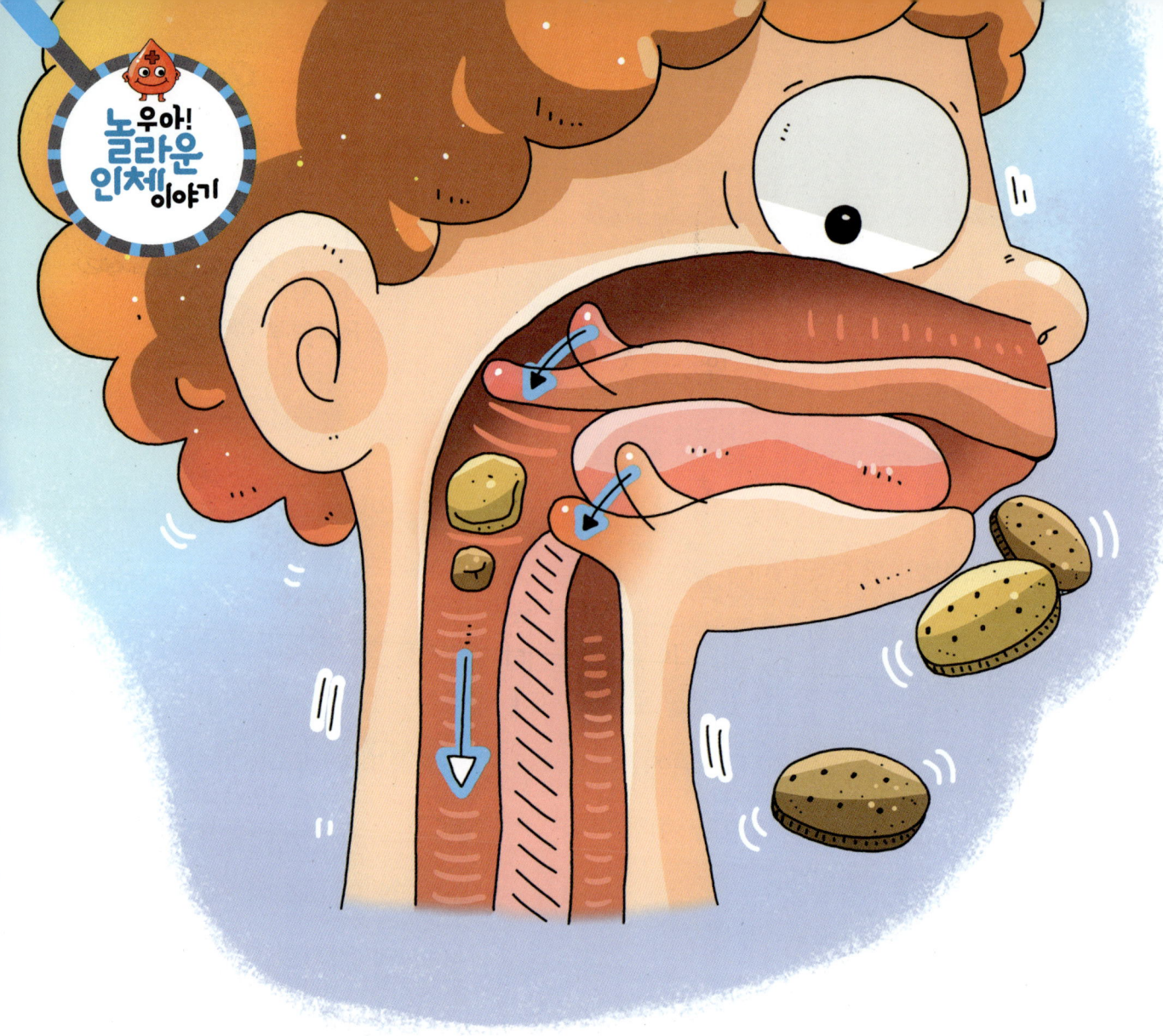

## ✦ 목에 있는 후두덮개는 무슨 일을 할까?

후두덮개는 교통경찰이 교통정리를 하는 것처럼 공기와 음식물이 길을 잘 찾아갈 수 있게 도와줘요. 후두덮개는 평소에는 열려 있어서 기관으로 공기가 잘 들어가게 하지만, 음식물을 삼킬 때는 뚜껑처럼 후두를 덮어 음식물이 기관으로 넘어가지 않게 막아 준답니다.

# 사레는 왜 걸릴까?

음식물을 급하게 먹거나 음식물을 삼키면서 말을 하다 보면, 후두덮개가 미처 후두를 닫지 못해 음식물이 기관으로 들어가게 돼요. 그러면 음식물이 허파로 가지 못하게 하려고 기침을 해서 뱉어 내지요. 이걸 사레들렸다고 한답니다.

# 성대는 무슨 일을 할까?

음식물이 넘어가는 식도나 공기가 지나가는 기관과 달리, 성대는 소리를 내는 역할만 해요. 허파에서 나온 공기가 성대를 떨리게 하면 소리가 나지요.

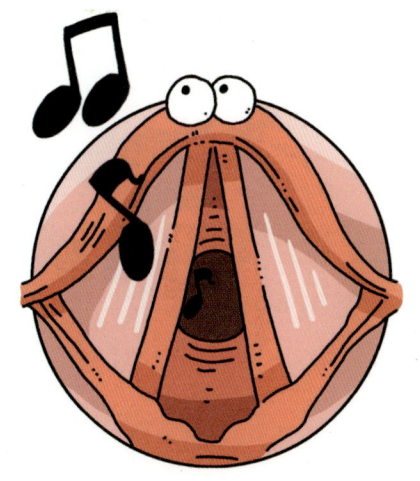

## 에취! 재채기는 왜 할까요?

**01** 조심성이 없어서

**02** 음식이 매워서

**03** 식도가 갑자기 뜨거워져서

**04** 이물질을 막으려고

### 생각 키우기

허파에 공기가 아닌 다른 이물질이 들어가면 우리 몸이 위험해져요. 사레가 입을 통해 허파로 들어가려는 이물질을 뱉어 내는 거라면, 재채기는 코를 통해 들어간 이물질을 뱉어 내는 거예요. 감기에 걸리면 재채기를 자주 하는 것도 나쁜 감기 바이러스가 허파로 들어오는 것을 막으려는 거랍니다.

# GUESS 22

## 무엇일까요?

| | |
|---|---|
| **첫 번째 힌트** | ★ **입안**에 있어요. |
| **두 번째 힌트** | ★ **단단**하고 많아요. |
| **세 번째 힌트** | ★ 어린이와 어른은 **개수가 달라요**. |
| **네 번째 힌트** | ★ **음식**을 씹어요. |
| **다섯 번째 힌트** | ★ **충치가 생겨요.** |

 **결정적 힌트** "치약과 칫솔이 필요해요."

  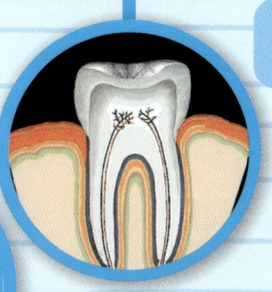

Tooth

## 치
ㅊ ㅇ

- **위치** : 머리
- **기능** : 음식물의 소화, 말하기
- **기관** : 소화 기관

# 치 아

## 음식물 씹어서 잘게 부수는 기관
# 치아

척추동물들은 대부분 먹이를 먹기 위한 단단한 치아가 있어요. 치아는 '이' 또는 '이빨'이라고도 부르지요. 특히 육식 동물들에게 치아는 아주 중요한 기관이에요. 먹이를 물어 도망가지 못하게 잡는 **사냥 도구**이자, 고기를 찢고 씹고 맷돌처럼 가는 **소화 기관**이니까요.

사람은 먹이를 사냥할 때 뇌와 손을 사용하게 되고, 음식물을 불로 익혀 먹게 되면서 치아가 많이 약해졌어요. 그렇지만 여전히 치아는 우리에게 아주 소중한 기관이랍니다. 치아가 아프면 음식물을 잘게 부수는 소화 기관의 역할을 하지 못할 뿐 아니라, 치아가 빠지면 말을 하는 데에도 많은 어려움이 생기지요. 게다가 치아는 한번 아프기 시작하면 다른 기관처럼 제 기능을 회복하기 어려워서 평소에 관리를 잘해야 한답니다.

## 사람의 치아는 몇 개일까?

 사람의 치아는 어릴 때는 20개의 젖니로 이루어져 있다가 어른이 되면서 32개의 영구치(어른 치아)로 바뀌어요. 젖니는 위턱과 아래턱에 각각 4개의 앞니, 2개의 송곳니, 4개의 어금니가 있어요. 그러다가 젖니는 다 빠지고 영구치가 나오지요. 영구치는 위턱과 아래턱에 각각 4개의 앞니, 2개의 송곳니, 4개의 작은 어금니(앞어금니)와 6개의 큰어금니(뒤어금니)가 있어요.

## 젖니는 왜 빠질까?

사람은 어른이 되는 동안 계속 몸집이 자라지요? 하지만 치아는 어느 정도 자라면 더 자라지 않는답니다. 그래서 어른에게 필요한 크고 튼튼한 치아를 가지려면 젖니가 빠지고 새로운 치아가 자라야 하는 거예요.

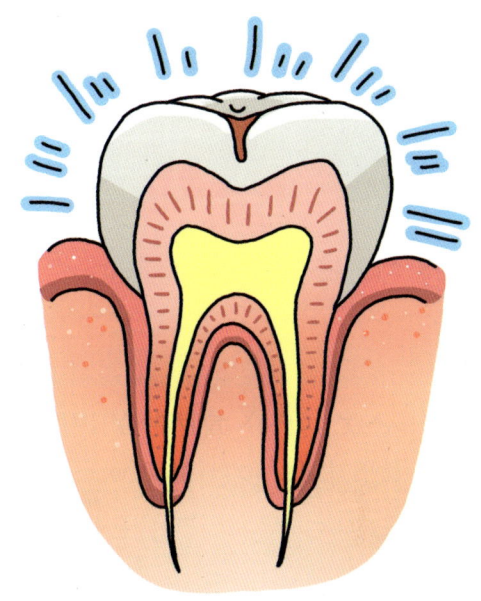

## 치아의 모양은 왜 제각기 다를까?

치아는 쓰임새에 따라 모양이 다르게 생겼어요. 앞니와 송곳니는 음식물을 자르거나 끊고, 찢기 좋게 날카롭게 생기고, 작은어금니와 큰어금니는 음식물을 부수고 갈기 좋게 뭉뚝하게 생긴 거예요.

# 우리는 왜 호랑이처럼 날카로운 송곳니가 없을까요?

**01** 치과에서 다 뽑아 버려서

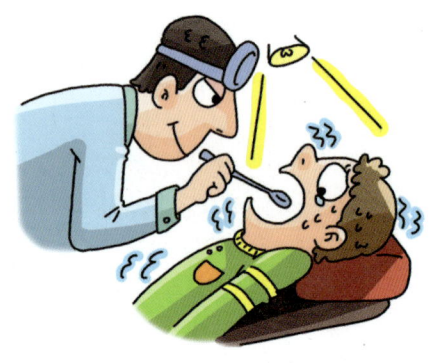

**02** 보기 흉하니까

**03** 사냥 도구로 사용하지 않으니까

**04** 어릴 때 몽땅 빠져 버려서

### 생각 키우기

포유동물 중에서도 특히 다른 동물을 잡아먹는 맹수들은 송곳니가 아주 날카롭게 발달했어요. 송곳니로 먹잇감이 되는 동물의 숨통을 단번에 물어뜯어야 하기 때문이지요. 그러나 사람은 손으로 무기를 사용해서 사냥하기 때문에 맹수처럼 날카로운 송곳니는 필요 없답니다.

# GUESS 23

## 무엇일까요?

| | |
|---|---|
| 첫 번째 힌트 | ★ 모든 생물이 다 가지고 있어요. |
| 두 번째 힌트 | ★ 너무 많아서 셀 수도 없어요. |
| 세 번째 힌트 | ★ 크기도 모양도 다양해요. |
| 네 번째 힌트 | ★ 생명을 유지하기 위한 여러 활동을 해요. |
| 다섯 번째 힌트 | ★ 몸은 모두 이것으로 이루어졌어요. |

**결정적 힌트** "작아서 현미경으로만 보여요."

Cell

세

ㅅㅍ

● 위치 : 온몸   ● 기관 : 그 밖의 기관
● 기능 : 생명체 구성, 생명 활동

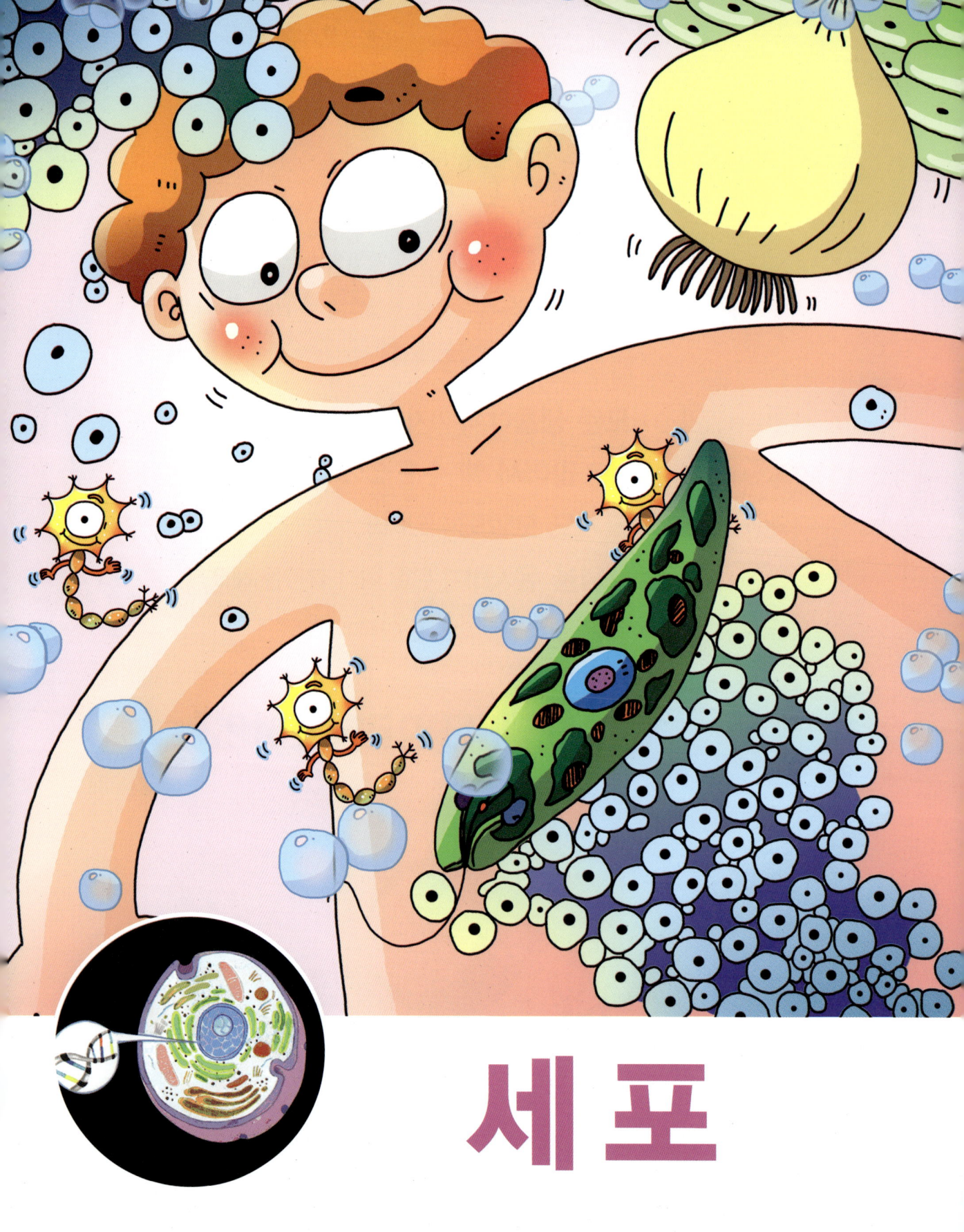

# 세포

# 몸을 이루는 가장 작은 단위
# 세포

　다양한 종류의 부품이 모여 컴퓨터를 만드는 것처럼 우리 몸은 여러 종류의 **세포**로 이루어져 있어요. 신경 세포, 근육 세포 등 200종류가 넘는 세포들이 많이 모여 있답니다.

　모든 세포는 **생명을 유지**하기 위해 여러 가지 활동을 하는데, 세포 종류마다 하는 일이 달라서 **크기와 모양**도 달라요. 예를 들어 신경 세포는 돌기가 많아 신호를 잘 전달하고, 근육 세포는 가늘고 길어서 잘 오그라들고 늘어나지요.

　그런데 세포는 어떻게 우리 몸을 이루는 걸까요? 그냥 세포를 차곡차곡 쌓으면 되는 걸까요?

　아니에요. 다양한 세포가 규칙에 따라 짜임새 있게 모여야 해요. 먼저 같은 종류의 세포들이 모여 **조직**을 이루고, 여러 조직이 모여 **기관**이 되지요. 다시 비슷한 기능을 하는 기관들이 모여 **기관계**를 이루고, 여러 기관계가 모여야 하나의 몸이 된답니다.

## 세포의 구조

세포는 눈으로 보이지 않을 만큼 아주 작지만, 현미경으로 살펴보면 아주 복잡하게 생겼어요. 세포는 세포막, 세포질, 세포핵 등으로 이루어졌답니다.

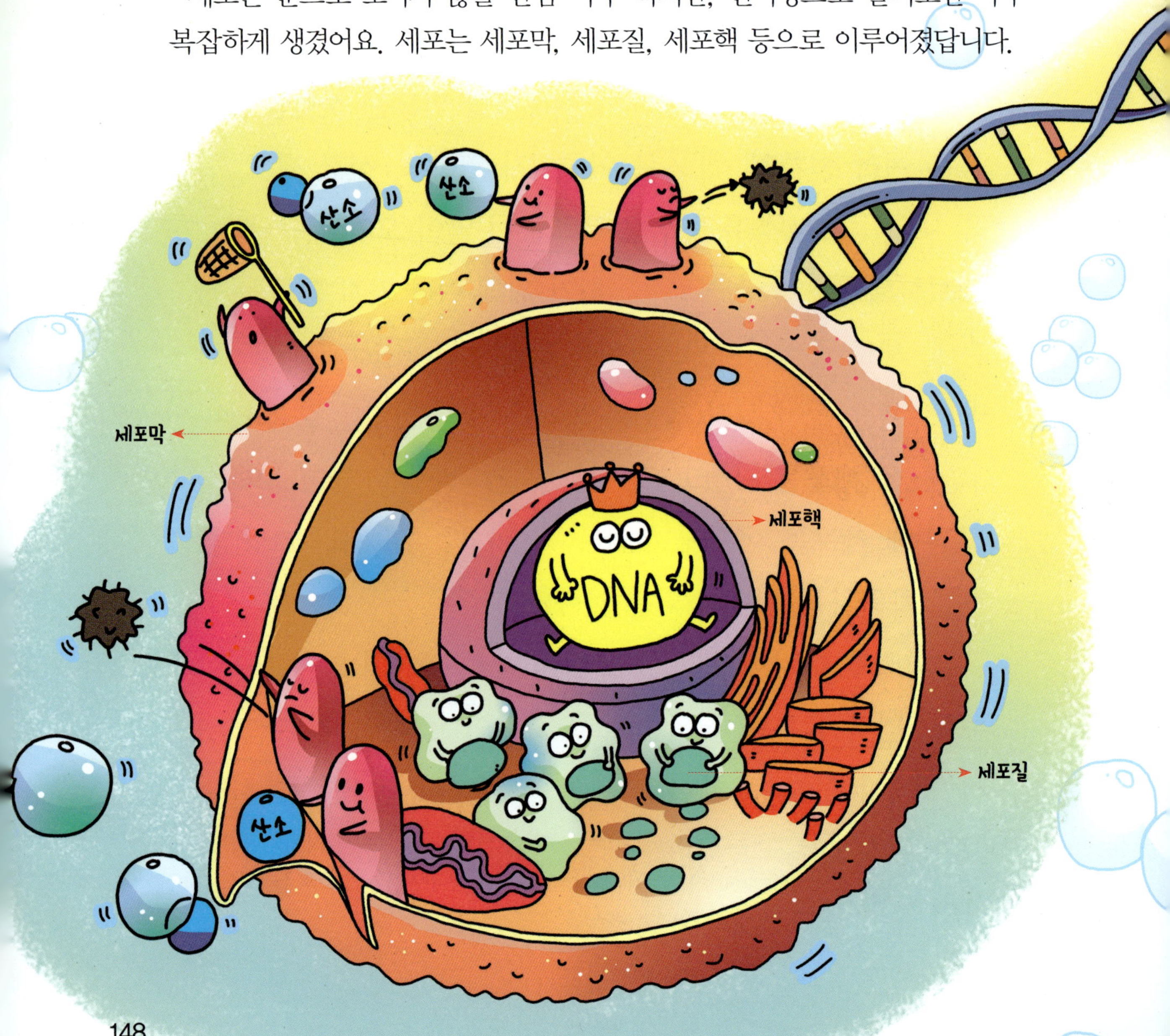

세포막

세포핵

세포질

### 세포막

　세포막은 세포의 겉을 둘러싸고 있는 얇은 막이에요. 세포를 보호하고, 세포 안팎으로 물질이 드나드는 것을 조절하지요. 그래서 필요한 영양소와 산소는 세포 안으로 들여보내고, 필요 없는 찌꺼기는 세포 밖으로 내보낸답니다.

### 세포질

　세포질은 단백질을 만들고 바꾸고 저장하는 일이 일어나는 세포막 안의 공간이에요.

### 세포핵

　세포핵은 세포의 모든 활동을 조절하는 지휘부예요. 또 유전 정보가 담긴 DNA가 있어서 개체의 특징이나 유전 현상 등이 나타나게 하지요. DNA는 평소에는 실처럼 풀어져 있다가 세포가 둘로 나뉠 때는 꼬이고 뭉쳐서 막대 모양의 염색체가 된답니다.

## 방송에 많이 나오는 '줄기세포'란 무엇일까요?

**01** 줄기처럼 긴 세포

**02** 아직 특성이 정해지지 않은 세포

**03** 식물의 세포

**04** 식물의 줄기처럼 생긴 세포

### 생각 키우기

줄기세포는 아직 어떤 종류의 세포가 될지 정해지지 않아서, **우리 몸의 어떤 세포라도 될 수 있는 만능 세포**예요. 줄기세포 하나가 피부 세포로도, 근육 세포로도 자랄 수 있지요. 피부에 상처가 났을 때 새살이 올라오는 것은 피부 아래쪽에 있던 줄기세포가 죽은 세포를 대신해서 피부 세포로 자라기 때문이에요. 줄기세포는 병을 고치는 데 도움이 되기 때문에 많은 사람들이 연구 중이랍니다.

정답 ❷

# GUESS 24

## 무엇일까요?

- **첫 번째 힌트** ★ 온몸에 그물처럼 뻗어 있어요.
- **두 번째 힌트** ★ 심장과 이어져 있어요.
- **세 번째 힌트** ★ 굵은 것도 있고 가는 것도 있어요.
- **네 번째 힌트** ★ 혈액이 지나가는 길이에요.
- **다섯 번째 힌트** ★ 정맥은 파랗게 보여요.

 **결정적 힌트** "동맥은 빨갛게 보여요."

**Blood Vessel**

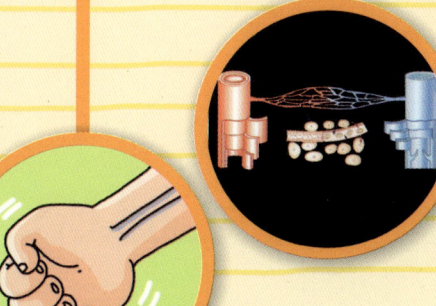

## 혈 → ㅎㄱ

- 위치 : 온몸
- 기관 : 순환 기관
- 기능 : 혈액의 이동

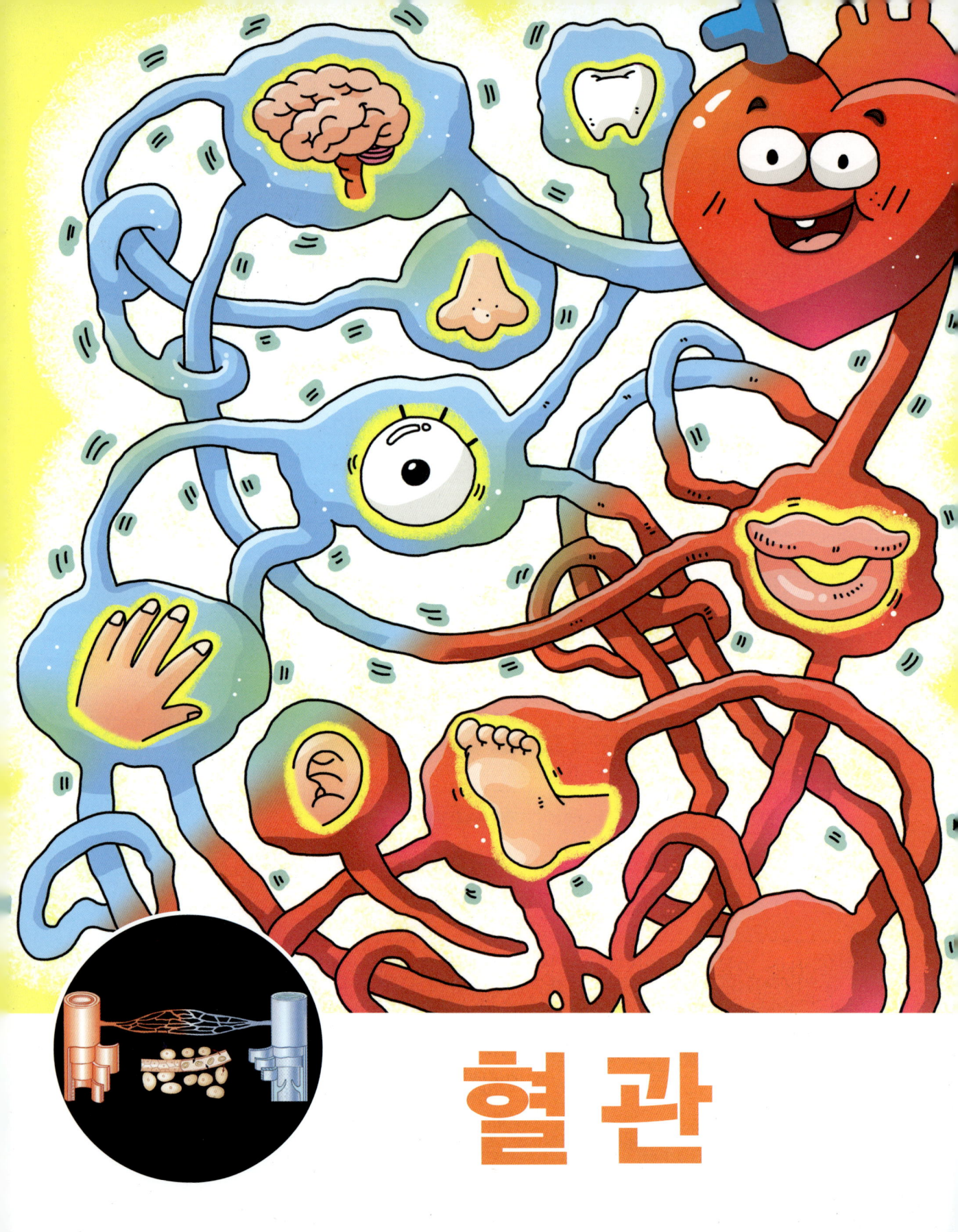

# 혈 관

## 혈액이 지나가는 길
# 혈관

혈관은 온몸에 깔린 **혈액의 길**이에요. 혈관을 통해서 혈액이 바쁘게 돌아다니는 덕분에, 우리 몸 구석구석까지 산소와 영양소가 전달되는 거지요. 혈관은 크게 **동맥**과 **정맥**, **모세혈관**으로 나뉘어요.

**동맥**은 **심장에서 나오는 혈액이 흐르는 혈관**이에요. 혈액은 굵고 튼튼한 동맥을 거쳐 손끝 발끝에 있는 모세 혈관까지 퍼져 나가지요. **정맥**은 **심장으로 들어가는 혈액이 흐르는 혈관**이에요. 모세 혈관을 거친 혈액은 정맥을 통해 심장으로 되돌아가지요.

즉, 동맥이 우리 몸 곳곳에 **영양소**와 **산소**를 운반하는 길이라면, 정맥은 **찌꺼기**와 **이산화 탄소**를 운반하는 길인 셈이지요.

우리 몸에 퍼져 있는 혈관을 한 줄로 모두 이어서 붙이면 길이가 12만 킬로미터쯤 된답니다.

## ✦ 동맥과 정맥은 뭐가 다를까?

　동맥은 혈관 벽이 세 겹으로 되어 있어서 두껍고 튼튼해요. 여간해서는 망가지지 않지요. 또 탄력이 커서 혈액이 아주 빠르게 흘러요. 차가 쌩쌩 달리는 넓은 고속도로처럼, 혈액이 빠르게 지나가는 넓은 길이지요. 동맥은 대개 몸속 깊은 곳에 있어요. 정맥은 동맥보다 혈관 벽이 얇고 탄력이 약해요. 혈액이 느리게 흐르지요. 그래서 혈액이 거꾸로 흐르지 않도록 '판막'이라는 장치가 있어요. 덕분에 혈액이 심장으로 들어가는 한 방향으로만 흐를 수 있지요. 정맥은 동맥에 비해 피부 가까이에 많아요.

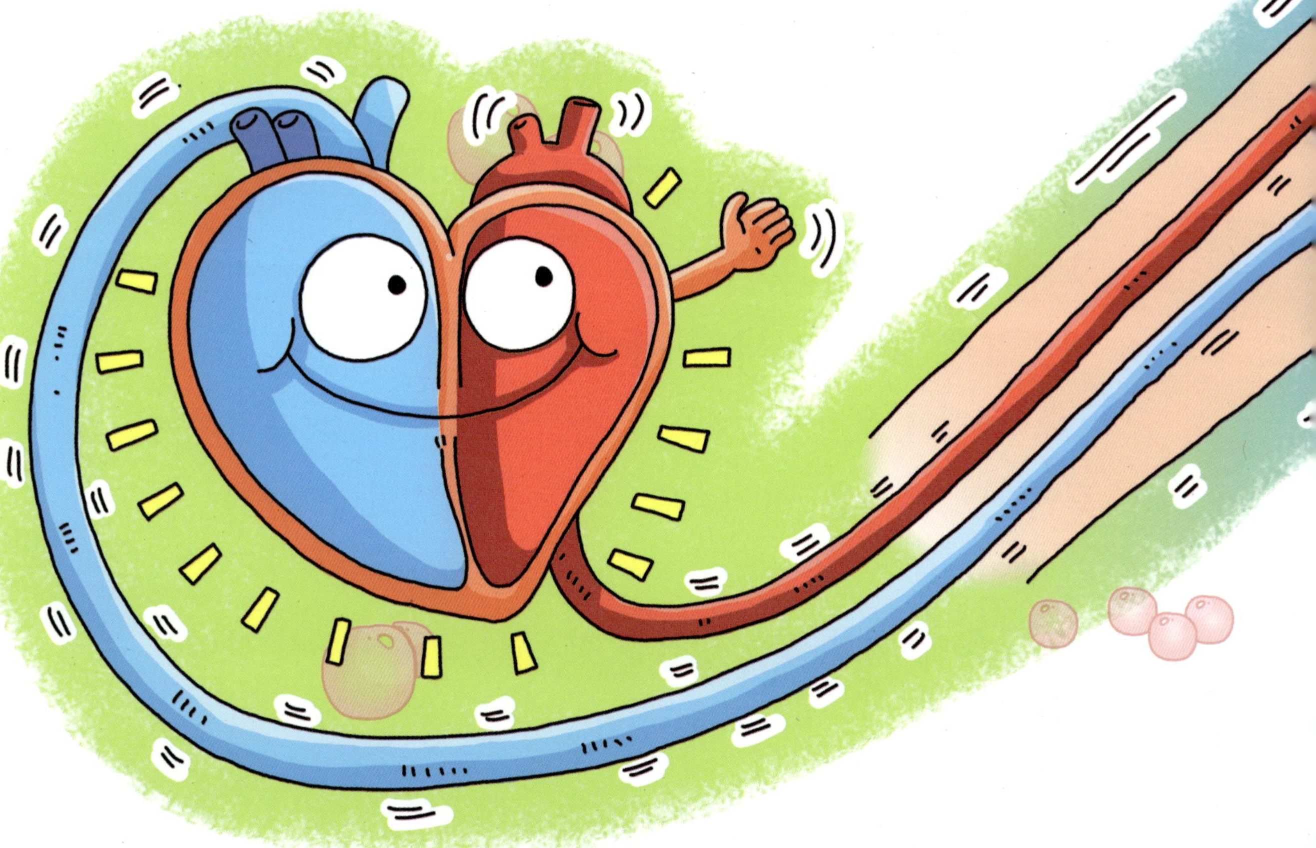

## ◆ 모세 혈관은 뭘까?

모세 혈관은 동맥과 정맥을 이어 주는 가느다란 혈관이에요. 심장에서 나온 혈액은 동맥을 거쳐 모세 혈관으로 가고, 모세 혈관을 거친 혈액은 정맥을 거쳐 심장으로 돌아가요. 모세 혈관은 우리 몸 구석구석에 아주 세밀하게 퍼져 있어 심장에서 멀리 떨어진 곳에도 영양소와 산소를 공급할 수 있지요.

## ◆ 이발소가 의료 기관이었다고?

18세기까지 유럽에서는 이발사가 외과 의사 역할도 함께 했다고 해요. 사람들은 이발소에서 머리도 깎고 치료도 받은 거지요. 이발소를 상징하는 삼색등은 빨간 동맥, 파란 정맥, 하얀 붕대를 뜻한답니다.

## 혈압이 높으면 왜 위험할까요?

**01** 심장이 쉬지를 못하니까

**02** 다른 기관들을 누르니까

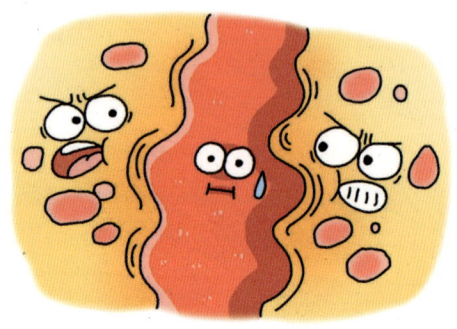

**03** 몸이 울룩불룩하게 되니까

**04** 혈관 벽이 버티지 못하니까

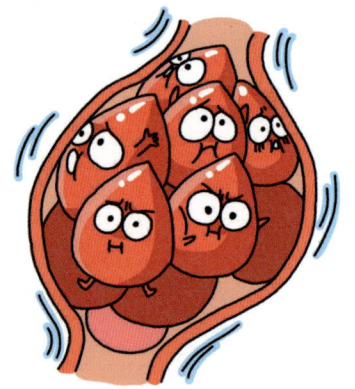

### 생각 키우기

혈압이란 혈관 안에 흐르는 혈액의 압력을 말해요. 혈관 안의 공간에 비해 지나가려는 혈액이 많으면 혈압이 높아지고, 적으면 혈압이 낮아지지요. 혈압이 높거나 낮으면 우리 몸에 산소와 영양소가 잘 공급되지 못하기 때문에 일정 수준의 혈압을 유지하는 것이 중요해요. 특히 혈압이 높으면 혈관 벽이 버티지 못하고 터질 수 있답니다.

# 무엇일까요?

| 첫 번째 힌트 | ★ **온몸**에 퍼져 있어요. |
| 두 번째 힌트 | ★ 뇌와 우리 몸의 **통신사**! |
| 세 번째 힌트 | ★ **반사 작용**을 일으켜요. |
| 네 번째 힌트 | ★ **자극**을 전달해요. |
| 다섯 번째 힌트 | ★ **신경 세포**로 이루어져 있어요. |

 결정적 힌트: "짜증이 날 땐, ○○질 나!"

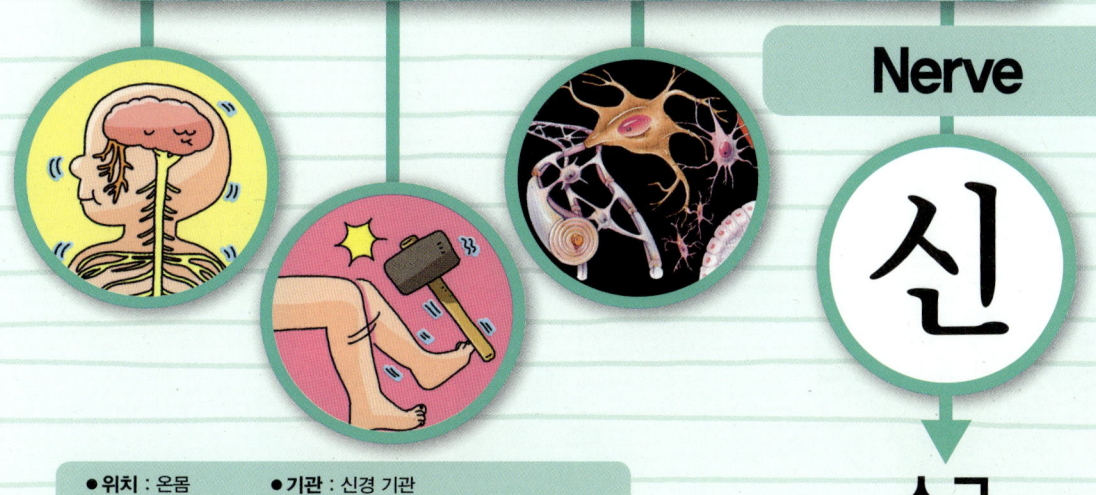

Nerve

**신**

ㅅㄱ

● 위치 : 온몸   ● 기관 : 신경 기관
● 기능 : 정보 전달

# 신경

# 정보를 전달하는 기관
## 신경

**신경**은 우리 몸 곳곳의 상황을 빠르게 뇌로 전달해 주고, 뇌가 내리는 명령을 몸 곳곳에 전달하여 빠르게 반응할 수 있게 해 주는 전깃줄 같은 조직이에요.

그래서 신경은 우리 몸 전체에 퍼져 있고 다른 어떤 기관보다도 넓게 퍼져 있답니다.

신경의 주요 역할은 눈, 코, 입, 귀, 피부 같은 감각 기관에서 받아들인 정보를 뇌로 전달해 주는 거예요. 또 뇌에서 몸이 어떻게 반응해야 하는지를 판단하면 그 정보를 몸으로 전달해 주기도 하지요.

신경은 전달자의 역할뿐만 아니라, 몸이 위험하거나 다급하게 처리해야 할 일이 있을 때는 뇌를 거치지 않고 스스로 결정하여 몸이 반응하도록 한답니다. 이러한 신경을 자율 신경이라고 하지요.

## ◆ 반사 작용은 왜 일어날까?

　우리는 눈에 뭔가 들어오려고 하면 자기도 모르게 눈을 질끈 감고, 손에 뜨거운 것이 닿으면 얼른 손을 떼요. 우리 몸이 위험을 알아채고 재빨리 반응한 거지요. 그런데 이런 명령은 대뇌가 내리는 게 아니에요. 자극이 대뇌로 전달되기 전에 척수가 손을 떼라는 명령을 내린 거지요. 이렇게 대뇌와 상관없이 척수, 연수, 중뇌가 명령을 내려 일어나는 반응을 반사 작용이라고 해요. 반사 작용은 반응이 매우 빠르게 일어나기 때문에 갑작스러운 위험으로부터 우리 몸을 보호해 준답니다.

## 중추 신경은 뭐고 말초 신경은 뭐야?

중추 신경은 뇌와 척수로 이루어졌는데, 자극에 대해 판단하여 몸에 명령을 내려요. 말초 신경은 중추 신경에서 뻗어 나와 우리 몸 곳곳에 퍼져 있는 신경이에요. 몸의 각 부분과 중추 신경을 연결해 주지요.

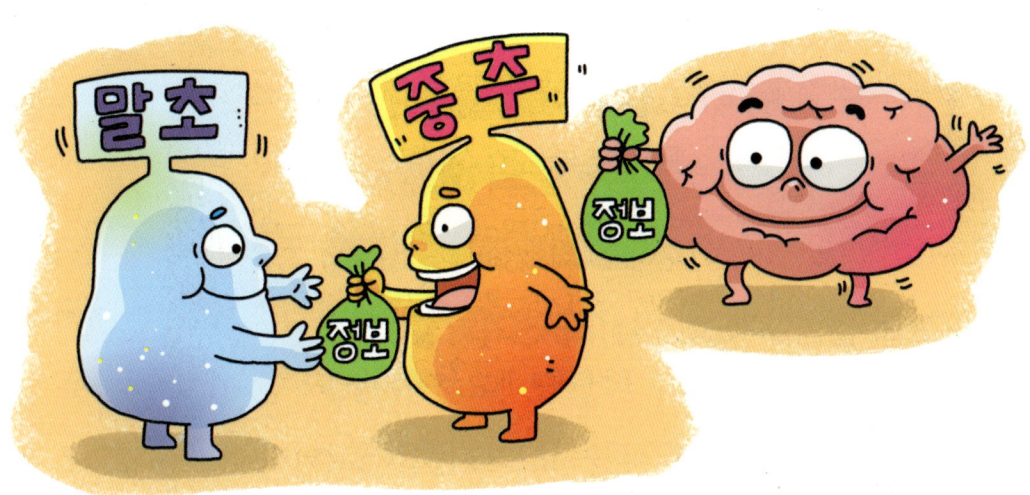

## 뇌를 전부 쓰는 게 아니라고?

뇌에는 무려 140억 개나 되는 신경 세포가 있어요. 그런데 우리는 평생 그 10분의 1도 사용하지 못해요. 그 정도만 사용해도 살아가는 데 아무 지장이 없지요.

## 털, 손톱, 발톱은 왜 감각이 없을까요?

**01** 너무 가늘어서

**02** 신경이 없어서

**03** 없애 버릴 거니까

**04** 너무 단단해서

### 생각 키우기

우리는 피부에 무언가 닿으면 차가움, 뜨거움, 아픔, 눌리는 느낌 등을 느껴요. 감각을 느끼게 하는 신경이 퍼져 있기 때문이지요. 그런데 피부가 변해서 만들어진 손톱, 발톱, 머리카락은 잘라 내도 아프지 않아요. 신경이 없는 죽은 세포이기 때문이랍니다.

정답 ❷

## GUESS 26

 무엇일까요?

| 첫 번째 힌트 | ★ 위의 뒤쪽에 있어요. |
| --- | --- |
| 두 번째 힌트 | ★ 소화시키는 **액체**가 나와요. |
| 세 번째 힌트 | ★ 십이지장과 이어져 있어요. |
| 네 번째 힌트 | ★ 당분을 분해하는 **인슐린**이 나와요. |
| 다섯 번째 힌트 | ★ 랑게르한스섬이 있어요. |

**결정적 힌트** " 췌장이라고도 불러요. "

### Pancreas

이 → ㅇㅈ

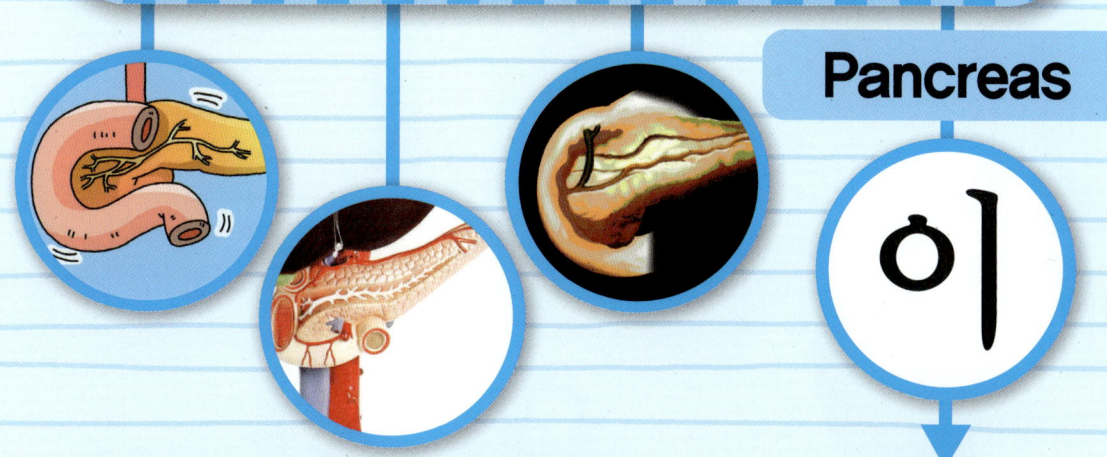

● 위치 : 배  ● 기관 : 소화 기관
● 기능 : 소화액 분비, 혈당 조절

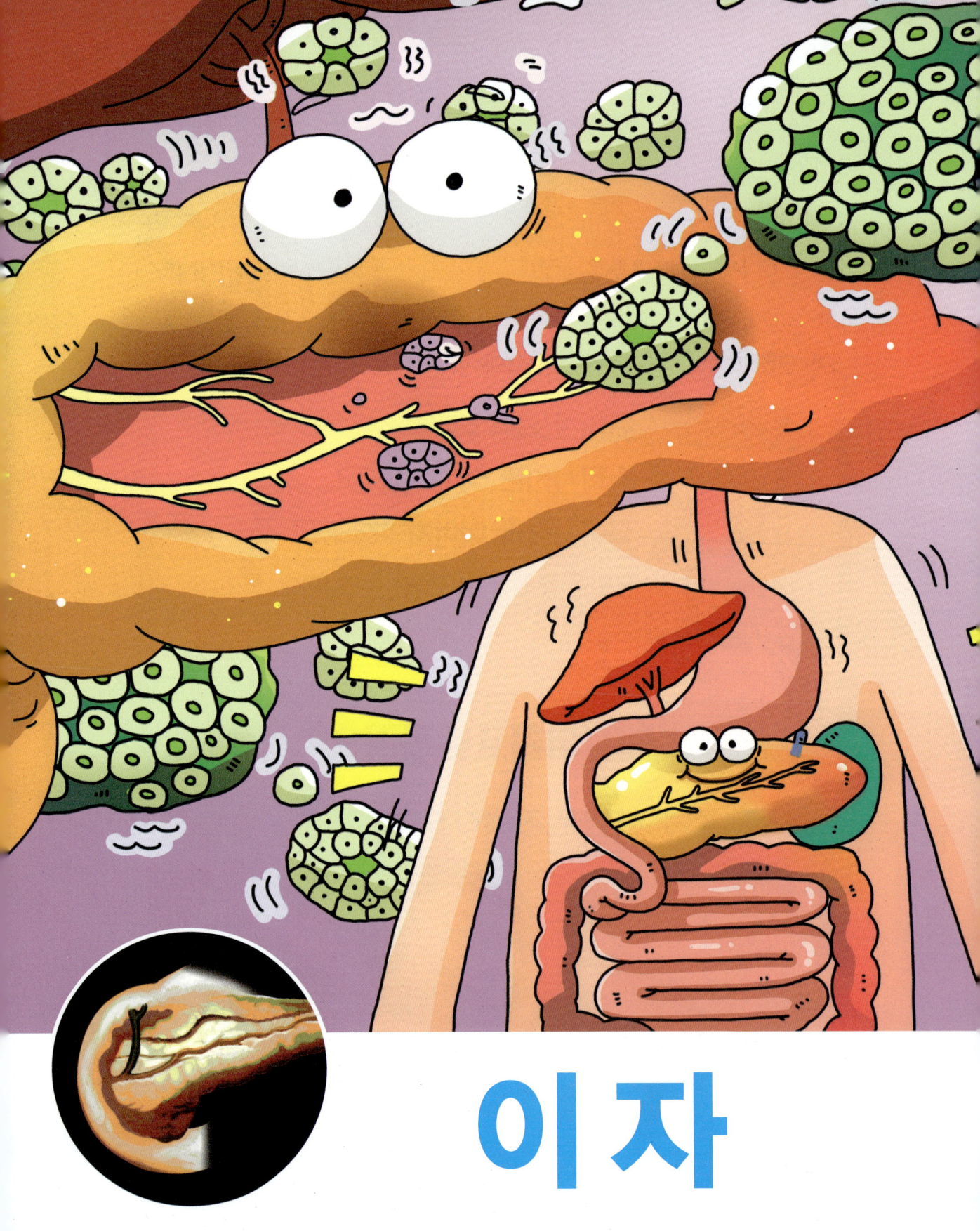

# 이자

## 소화액과 호르몬 분비 기관
# 이자

이자는 소화 기관 중의 하나로, **췌장**이라고도 불러요. **소화 기관**이라고 하면 대부분 위와 소장, 대장만 생각하지만, 소화액을 분비하는 이자도 중요한 소화 기관이지요. 다른 소화 기관에서 분비한 소화액은 대부분 한 종류의 영양소만 분해하는데, 이자에서 분비한 소화액은 **3대 영양소인 탄수화물, 단백질, 지방을 모두 분해**할 수 있답니다. 그야말로 팔방미인인 소화 기관이지요.

또 이자는 혈액 속에 들어 있는 포도당의 양을 조절하는 **글루카곤**과 **인슐린**이라는 호르몬도 분비해요. 포도당이 적을 때는 글루카곤을 분비해서 포도당을 늘리고, 포도당이 많을 때는 인슐린을 분비해서 포도당을 줄이지요. 그런데 만약 인슐린이 잘 분비되지 않으면 **당뇨병**에 걸릴 수 있답니다.

## ◆ 이자는 어디에 있을까?

이자는 가늘고 길게 생겼는데, 길이가 15센티미터쯤 돼요. 십이지장과 비장 사이에 누운 것처럼 놓여 있지요. 이자의 머리 부분은 십이지장과 연결되어 있고, 몸통 부분은 위의 아래쪽 뒤에 놓여 있고, 꼬리 부분은 비장 가까이에 놓여 있답니다.

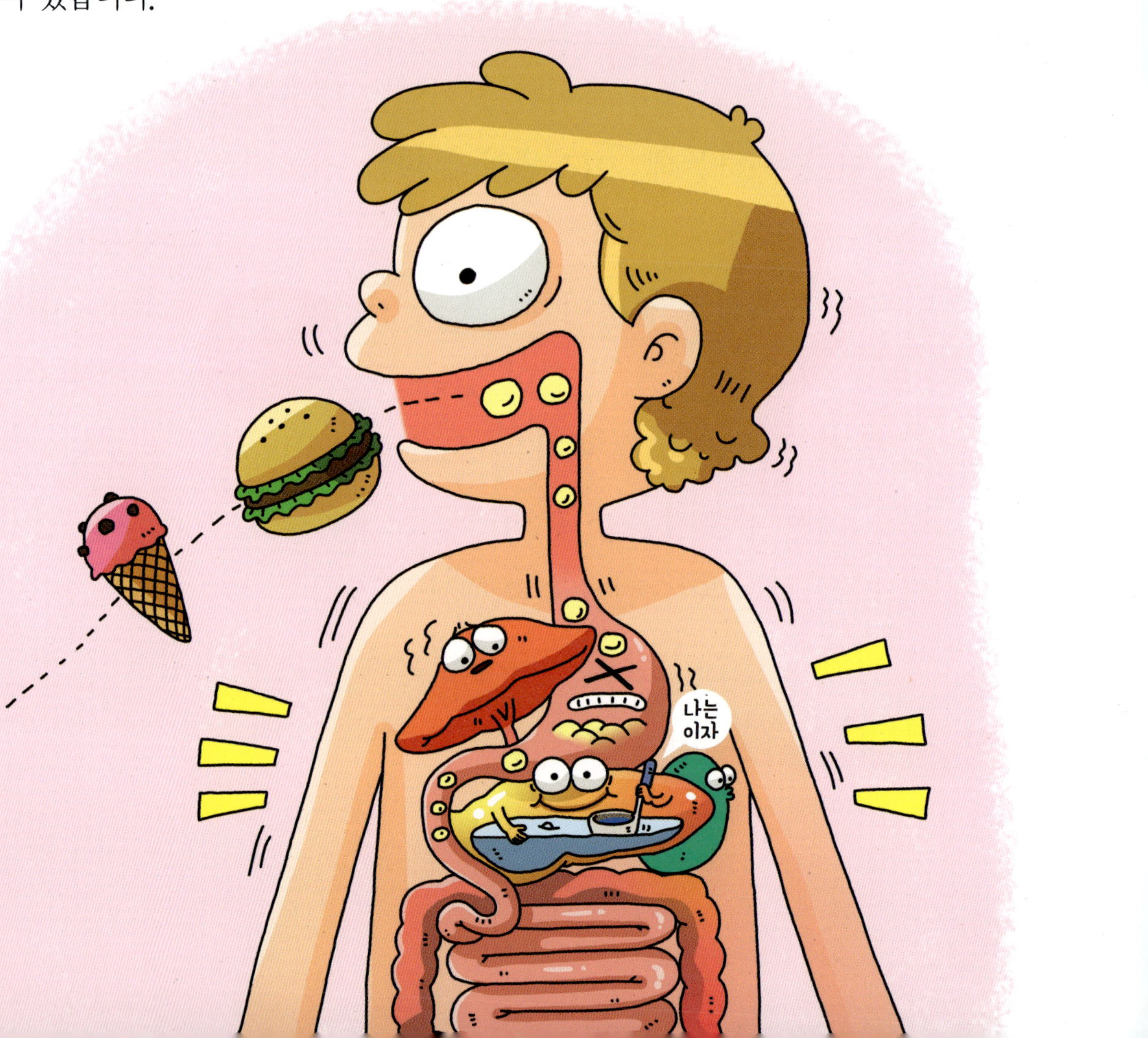

## ◆ 랑게르한스섬이 뭘까?

이자 곳곳에는 1,000개쯤 되는 세포들이 모여 만들어진 '랑게르한스섬'이 있어요. 랑게르한스섬에서 글루카곤과 인슐린 호르몬을 분비하지요. 이자에는 랑게르한스섬이 100만 개 정도 있답니다.

## ◆ 사탕을 먹으면 인슐린이 나온다고?

우리 몸은 혈액 속의 포도당을 이용해서 에너지를 얻기 때문에 포도당의 양을 일정하게 유지하는 게 좋아요. 그런데 사탕을 먹으면 갑자기 포도당의 양이 늘어나요. 포도당을 줄이기 위해 인슐린이 분비되는 거랍니다.

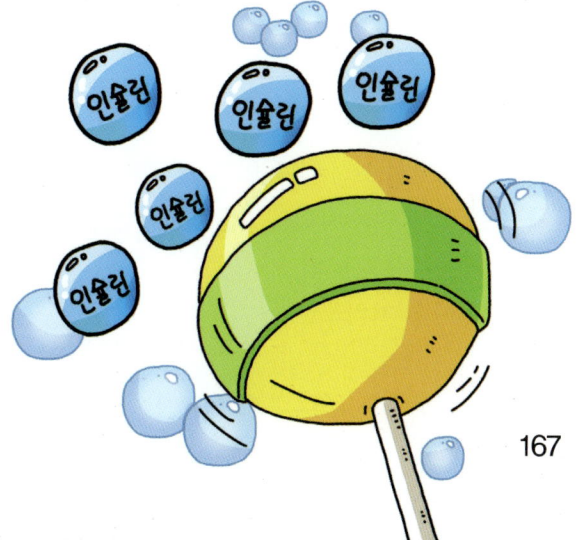

# 랑게르한스섬은 왜 이름에 '섬'이라는 말을 붙였을까요?

**01** 바다에 있어서

**02** 랑게르한스가 섬에서 태어나서

**03** 랑게르한스가 섬에서 발견해서

**04** 모양이 섬처럼 생겨서

### 생각 키우기

랑게르한스섬은 독일의 병리학자인 랑게르한스가 1869년에 발견했어요. 아주 많은 세포가 여기저기에 모여 있는 모습이 마치 바다에 떠 있는 섬처럼 보여서 랑게르한스 이름 뒤에 '섬'이라는 글자를 붙인 거지요. 이자에 있는 섬이라는 뜻에서 '이자섬'이라고 부르기도 해요.

정답 ❹

# GUESS 27
## 무엇일까요?

| | |
|---|---|
| 첫 번째 힌트 | ★ 배 오른쪽에 있어요. |
| 두 번째 힌트 | ★ 몸에서 **가장 큰 내장** 기관이에요. |
| 세 번째 힌트 | ★ **쓸개즙을 만들어요.** |
| 네 번째 힌트 | ★ 몸에 중요한 **효소들을 만들어** 내요. |
| 다섯 번째 힌트 | ★ **해독 작용**을 해요. |

**결정적 힌트** "겁이 없을 땐, ○도 크다!"

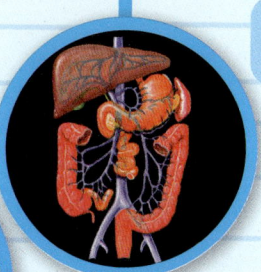

**Liver**

ㄱ

● 위치 : 배　　● 기관 : 소화 기관
● 기능 : 물질대사, 해독 작용, 면역 작용, 쓸개즙 생성

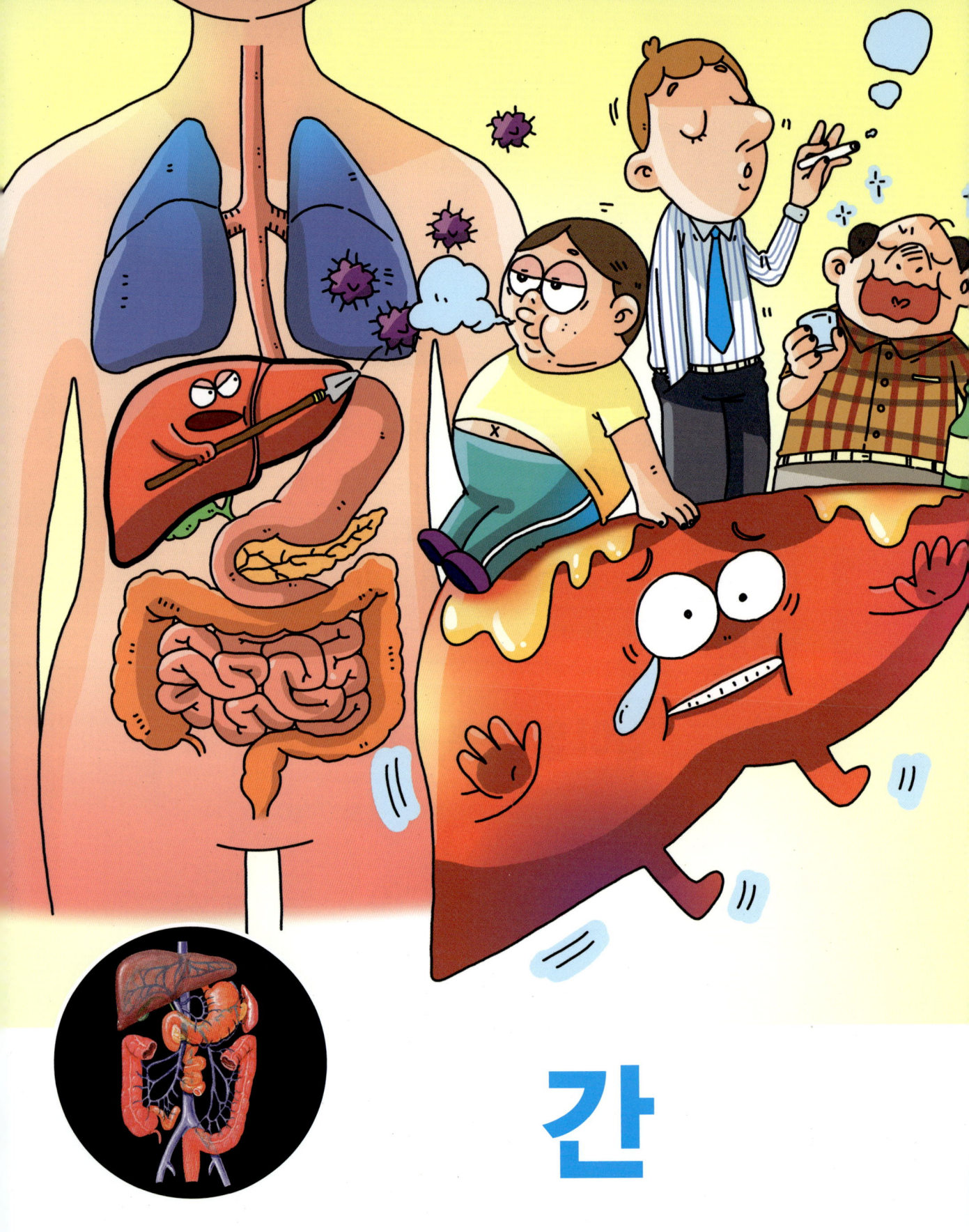

## 가장 큰 내장 기관
# 간

우리 몸에서 가장 큰 장기가 바로 간이랍니다.

간은 크기도 크지만 하는 일도 참 많아요. **나쁜 물질의 독성을 없애고**, 몸 안의 영양소를 여러 물질로 바꾸고, 필요 없는 찌꺼기를 몸 밖으로 내보내지요. 또 혈액이 잘 흐를 수 있게 도와주고, 혈액을 굳게 만드는 물질을 만들어 내요. 그뿐만 아니라 지방을 분해하는 소화액인 **쓸개즙**을 만들어 내기도 한답니다.

다른 기관들은 심장을 지나온 혈액을 통해서만 영양소를 얻어요. 소화 기관이 흡수한 영양소를 심장으로 보내고, 심장은 그 영양소를 온몸으로 보내지요. 그런데 간은 소화 기관과 연결된 혈관을 통해서 영양소를 직접 전달받기도 해요. 이렇게 받은 영양소로 **생명 유지에 필요한 물질을 생산, 저장, 전환**하는 일을 한답니다.

## 효소*를 만드는 간!

소화나 배설, 세균을 없애는 등의 과정은 하나의 화학 반응이에요. 간은 1,000가지가 넘는 효소를 생산해서 몸에서 일어나는 화학 반응에 대부분 관여한답니다.

*효소: 자신은 변하지 않으면서 다른 물질의 화학 반응을 빠르게 하는 단백질

### 저장하는 간!

혈액 속에 포도당이 많으면 간은 포도당을 '글리코겐'이라는 물질로 바꾸어 저장해요. 그런 다음, 에너지가 많이 필요할 때 글리코겐을 다시 포도당으로 바꾸고, 포도당을 이용해 에너지를 만들어 내지요. 간은 영양소를 저장하거나 방출하여 혈액 속에 있는 영양소의 양을 일정하게 맞춘답니다.

### 해독하는 간!

간은 독성이 있는 나쁜 물질을 분해시켜 몸 밖으로 내보내요. 술이나 약물을 먹었을 때도 독성 물질을 분해시켜 우리 몸을 보호해 주지요. 또 너무 많이 있는 물질은 형태를 바꾸어 몸에 쌓이지 않게 해요.

## 간을 지키는 좋은 방법은 무엇일까요?

**01** 술을 먹여 준다.

**02** 자꾸 일을 시킨다.

**03** 토끼 간을 먹는다.

**04** 쉬게 한다.

### 생각 키우기

간은 참 바쁜 기관이에요. 생산도 하고 저장도 하고 해독도 하고……. 할 일이 너무 많지요. 하지만 재생력이 좋아서 간세포의 4분의 1만 남아 있어도 정상적인 상태로 돌아올 수 있어요. 그렇다고 해서 간을 무리하게 혹사시키면 안 돼요. 간이 너무 피곤하면 우리 몸의 모든 기능이 전부 마비될 수 있기 때문에 충분히 쉬어 주어야 한답니다.

## 무엇일까요?

| 첫 번째 힌트 | ★ 목부터 엉덩이까지 길게 뻗어 있어요. |
|---|---|
| 두 번째 힌트 | ★ 많은 뼈가 줄줄이 이어져 있어요. |
| 세 번째 힌트 | ★ 디스크라고 하는 물렁뼈가 있어요. |
| 네 번째 힌트 | ★ 옆에서 보면 S자 모양이에요. |
| 다섯 번째 힌트 | ★ 척수가 들어 있어요. |

 **결정적 힌트** "몸통을 세워 주는 기둥이에요."

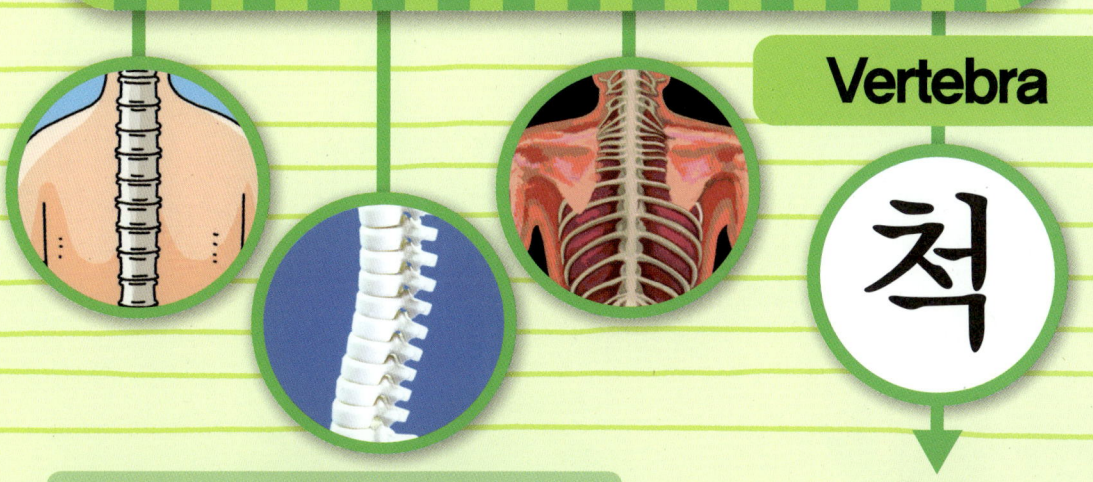

Vertebra

척 → ㅊ ㅈ

● 위치 : 등      ● 기관 : 운동 기관
● 기능 : 지지, 평형 유지, 척수 보호

척추

## 몸을 지탱하는 뼈 기둥
# 척주

지금 손을 뒤로 뻗어서 등을 만져 보세요.

등 가운데에서 위아래로 길게 늘어진 울퉁불퉁한 뼈가 느껴질 거예요. 이 **울퉁불퉁한 뼈 하나하나가 척추**랍니다. 그리고 척추 33개가 길게 이어진 것이 **척주**예요.

**척주**는 우리 **몸의 기둥**이 될 뿐만 아니라, 우리가 균형을 잡고 똑바로 설 수 있게 해 줘요. 또 척주 안에는 **척수**라고 부르는 **신경 다발**이 들어 있어요. 척수는 **뇌와 몸 전체가 서로 정보를 주고받을 수 있도록** 도와주지요. 그래서 척주를 다치면 척수까지 영향을 받게 되어 온몸이 마비되는 불행한 일이 벌어질 수도 있답니다.

어릴 때부터 나쁜 자세로 앉아서 공부하면 척주가 휘어 평생 이상한 자세로 살 수도 있대요. 그러니까 곧은 척주를 위해서 우리 모두 바른 자세를 가져야 한답니다.

## ♦ 33개 척추의 이름?

척주를 이루고 있는 33개의 척추는 저마다 이름이 달라요. 머리 쪽부터 7개는 목뼈, 그 아래로 12개는 등뼈, 그다음 5개는 허리뼈, 그 아래로 5개는 엉치뼈, 가장 아래의 4개는 꼬리뼈라고 한답니다. 그리고 각각의 척추는 '디스크'라고 불리는 물렁뼈로 연결되어 있어요. 어른이 되면 엉치뼈와 꼬리뼈가 각각 하나로 합쳐져서 척추는 26개가 된답니다.

→ 척주

## ♦ 척주관은 뭘까?

각각의 척추는 앞쪽의 몸통과 뒤쪽의 고리 사이에 구멍이 있어요. 이 구멍을 '척추뼈 구멍'이라고 하는데, 척추뼈 구멍이 쭉 이어져서 관처럼 된 것이 바로 척주관이에요. 척주관 안에는 척수와 혈관 등이 지나간답니다.

## '등골이 빠진다.'라는 옛말은 무슨 뜻일까요?

**01** 등뼈가 빠졌다는 뜻

**02** 디스크에 걸렸다는 뜻

**03** 너무너무 고생스럽다는 뜻

**04** 등뼈가 부러졌다는 뜻

### 생각 키우기

어른들은 너무 힘이 들 때 흔히 '등골이 빠진다.'라는 말을 해요. 등골이란 척주관 안에 있는 척수를 일컫는 말이에요. 척수는 뇌와 우리 몸 전체가 정보를 주고받을 수 있게 도와주는 아주 중요한 기관이지요. 그러니까 이것이 빠진다는 것은 몸의 중요한 것이 다 빠질 만큼 고생스럽다는 뜻이랍니다.

정답 ❸

## GUESS 29

 무엇일까요?

| | |
|---|---|
| 첫 번째 힌트 | ★ **엉덩이**에 있어요. |
| 두 번째 힌트 | ★ **깔때기 모양**을 하고 있어요. |
| 세 번째 힌트 | ★ 남자와 여자는 **모양이 달라요**. |
| 네 번째 힌트 | ★ **척주**와 연결되어 있어요. |
| 다섯 번째 힌트 | ★ 양쪽 다리뼈와 연결되어 있어요. |

**결정적 힌트** "생식기를 보호해요."

Pelvis

골 → ㄱㅂ

● 위치 : 엉덩이   ● 기관 : 운동 기관
● 기능 : 체중 지탱, 장기 보호, 앉기, 걷기

골반

## 척주와 다리를 이어 주는 뼈
# 골반

사람이 언제나 서 있거나 누워 있기만 하지는 않지요? 가끔은 바닥에 책상다리를 하고 앉거나 의자에 걸터앉기도 할 거예요. 이때 엉덩이는 자세를 편안하게 만들어 준답니다.

엉덩이 안에는 **골반**이 있어요.

골반은 **골반뼈**라고도 하는데, 척주를 이루는 **엉치뼈와 꼬리뼈에 엉덩뼈, 궁둥뼈, 두덩뼈가 연결되어 깔때기 모양**을 하고 있지요.

골반은 얼핏 보기에는 그냥 **뼈**와 **뼈**를 이어 주기만 하는 것 같지만, **내장과 방광, 생식기 등을 그릇처럼 감싸서 보호**해 준답니다.

또 척주와 연결되어 몸을 지탱해 주고, 양쪽 다리와 연결되어 걷고 달릴 수 있게 만들어 주지요.

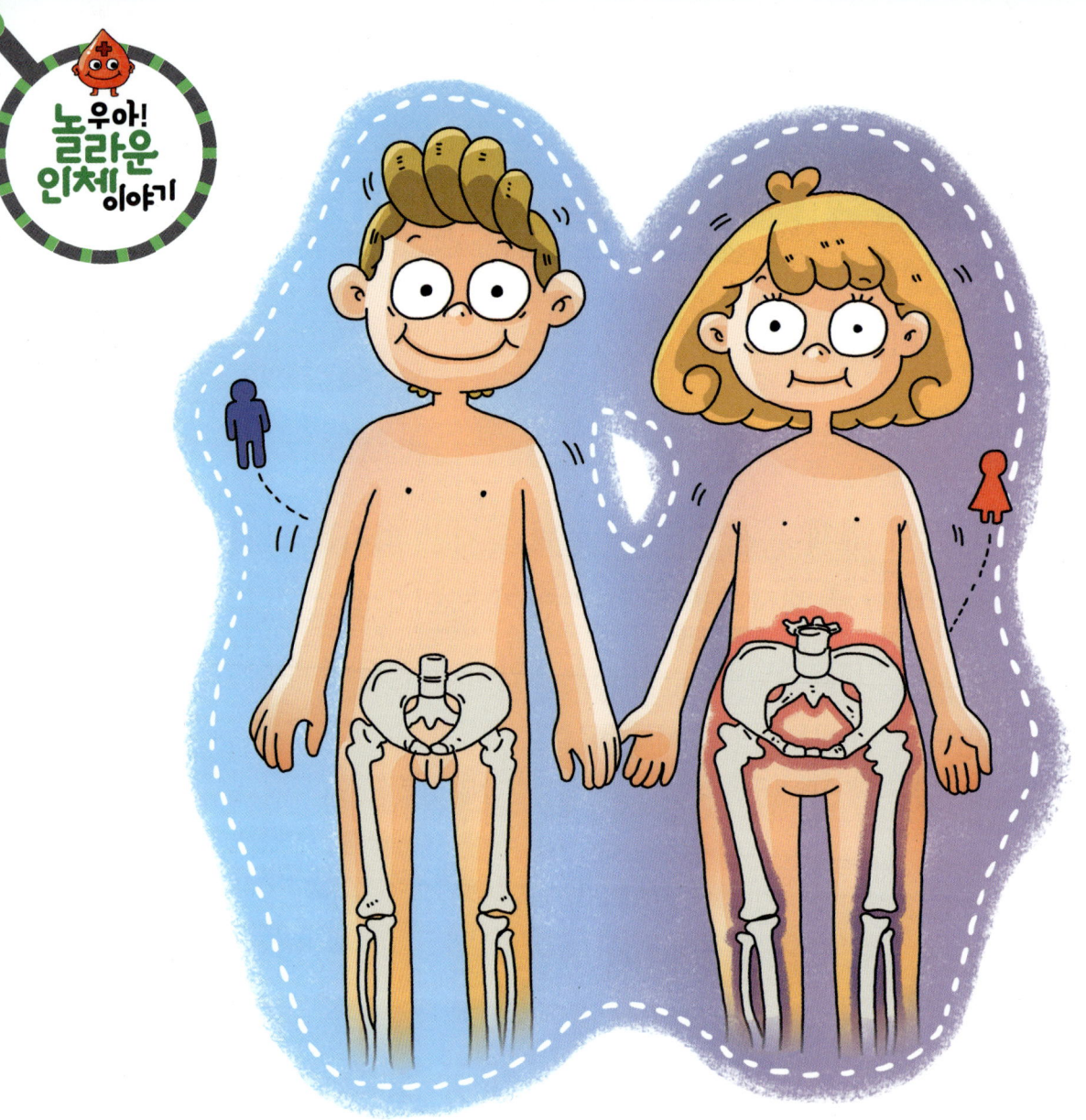

## ✦ 남자와 여자의 골반 모양은 왜 다를까?

남자와 여자는 다른 뼈들은 비슷하게 생겼는데, 골반은 모양이 서로 달라요. 여자의 골반은 아기를 안전하게 낳을 수 있도록 남자의 골반보다 얕고 넓어요. 또 아기가 골반을 지나가기 쉽도록 뼈 사이가 좀 더 잘 벌어진답니다.

## ◆ 동물과 골반이 다르다고?

사람은 다른 동물들과 달리 두 발로 서서 걷기 때문에, 골반에 다리가 연결되는 방향도 다르고 몸무게가 작용하는 방향도 다르답니다. 이러한 변화에 적응하느라 골반 모양도 네발 동물보다 위아래로는 짧고, 옆으로는 넓어졌지요.

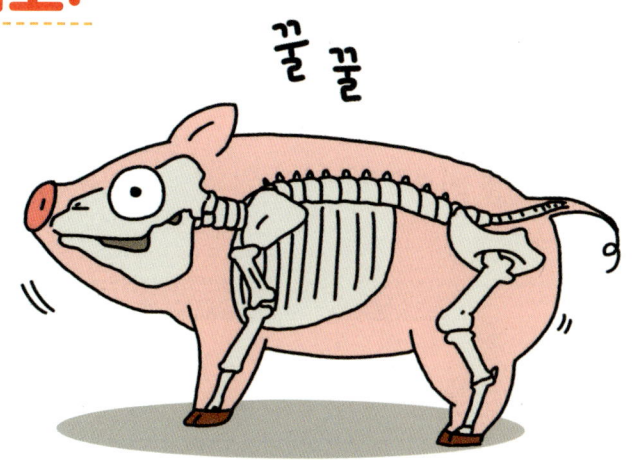

## ◆ 공룡도 골반이 달라!

공룡의 골반은 장골, 치골, 좌골, 이렇게 3가지 뼈의 모양과 위치에 따라 모양이 달라져요. 그래서 공룡은 골반 모양에 따라 크게 두 가지로 나눌 수 있지요. 바로 새의 골반을 닮은 조반류와 도마뱀의 골반을 닮은 용반류랍니다.

## 여자는 왜 남자보다 엉덩이에 살이 많을까요?

**01** 여자가 더 많이 먹으니까

**02** 여자가 더 오래 앉아 있어서

**03** 여자가 운동을 적게 해서

**04** 자궁을 보호하기 위해서

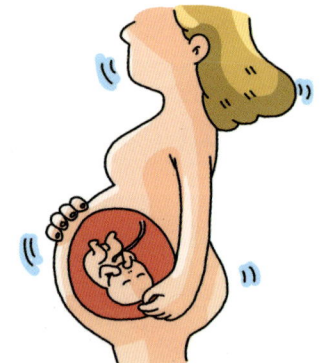

### 생각 키우기

대개 남자보다 여자가 몸에 지방이 더 많답니다. 그래서 같이 굶었을 때 여자가 남자보다 더 오래 버티지요. 하지만 이것 때문에 엉덩이에 살이 더 많은 건 아니에요. 여자는 자궁을 보호해야 하므로 여성 호르몬이 더 많이 분비되어서 엉덩이 쪽에 살이 많은 거랍니다.

정답 ❹

# GUESS 30

## 무엇일까요?

| | |
|---|---|
| 첫 번째 힌트 | ★ **아랫배**에 있어요. |
| 두 번째 힌트 | ★ 남자와 여자는 **모양**이 달라요. |
| 세 번째 힌트 | ★ 남자와 여자는 **하는** 일도 달라요. |
| 네 번째 힌트 | ★ 여자는 **자궁**이 있어요. |
| 다섯 번째 힌트 | ★ 남자는 정자가 있어요. |

**결정적 힌트** "아기가 태어나게 해 줘요."

Genitals

생 → ㅅㅅㄱ

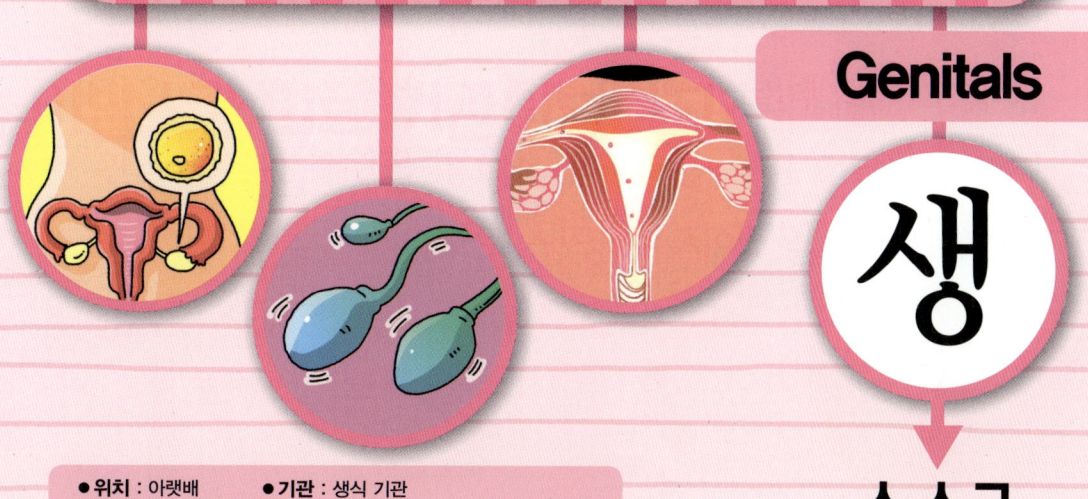

● 위치 : 아랫배　　● 기관 : 생식 기관
● 기능 : 아기를 만듦.

187

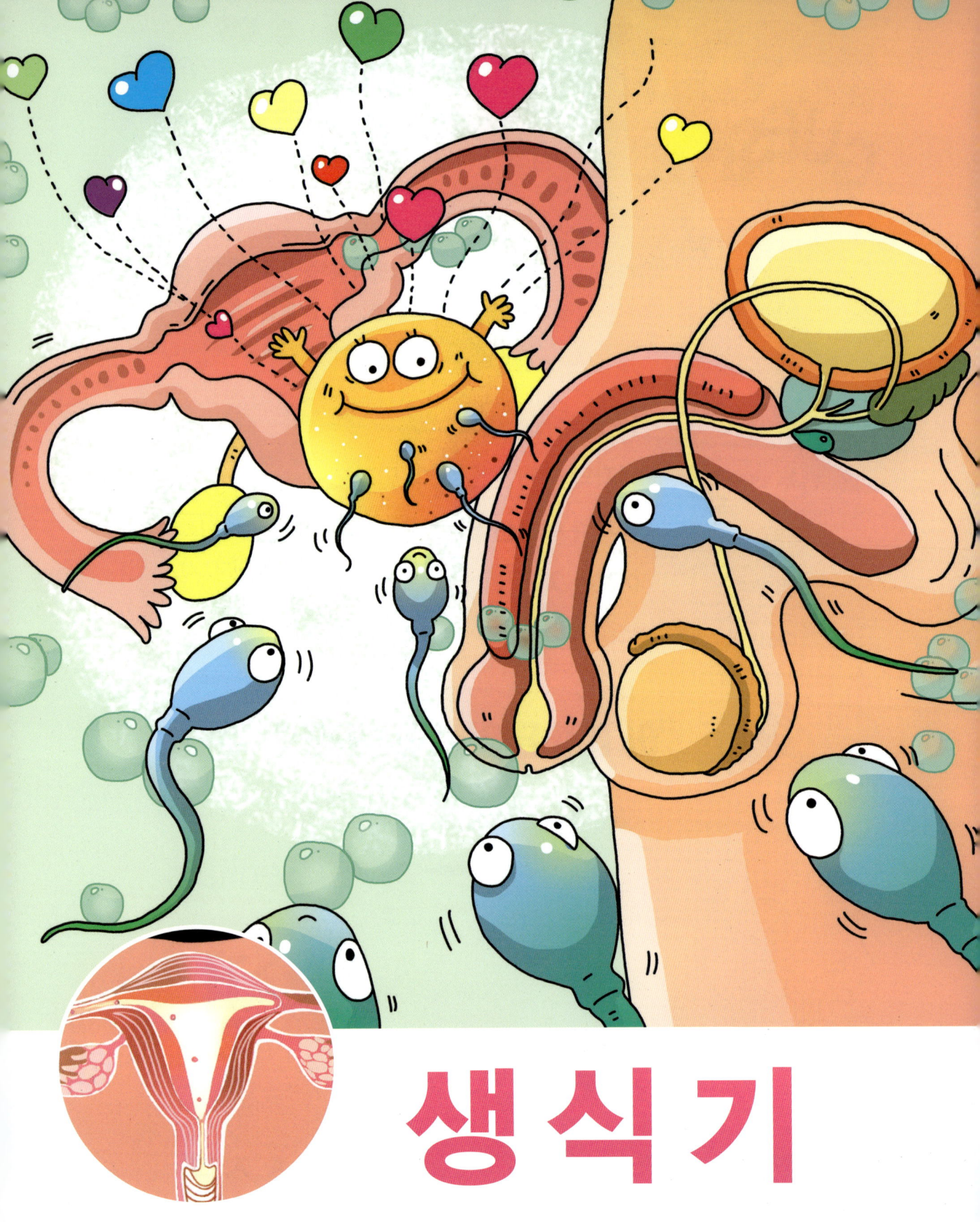

# 생식기

## 아기 낳게 도와주는 기관
# 생식기

　대부분의 생물은 **짝짓기**를 아주 중요한 일로 여겨요. 그래야 새끼를 낳을 수 있고, 계속해서 다음 **세대**가 이어질 테니까요.

　사람도 다른 동물들과 마찬가지로 짝짓기를 하고 새끼를 낳기 위한 **생식기**가 있어요. 남자와 여자의 생식기는 그 **모양**과 **특징**이 다르답니다. 물론 하는 **역할**도 다르지요.

　남자는 **정자**를 만들고, 여자는 **난자**를 만들어요. 이 둘이 만나야 아기가 생기는 거지요. 정자가 난자를 만나려고 할 때는 한 번에 2억 개가 넘는 정자가 난자로 향해요. 그중에서 단 하나의 정자만 난자를 만나는데 성공하고 나머지는 모두 죽지요. 여러분은 모두 **2억 대 1의 경쟁률**을 뚫고 가장 강하고 힘 있는 정자 하나가 난자와 만나 이 세상에 태어난 것이랍니다.

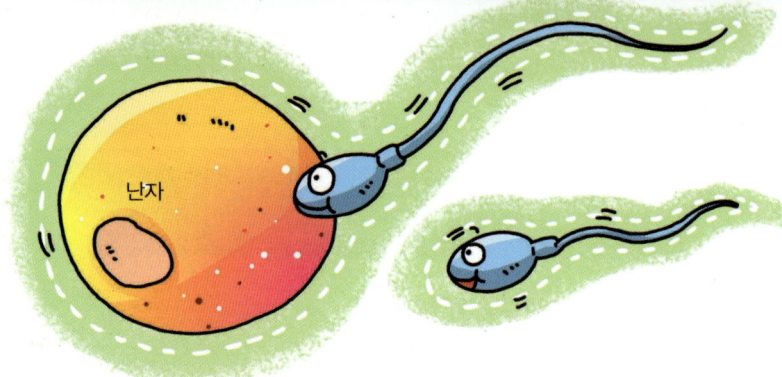

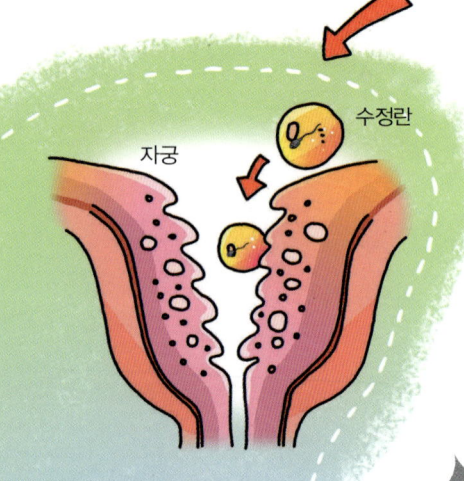

## 정자는 어디서 만들어질까?

남자의 생식기는 고환이라는 정소와 정자가 나오는 길인 요도로 되어 있어요. 정소에서 매일 수백만 개의 정자를 만들고, 아기를 만들 기회가 오면 재빠르게 난소를 향해 정자를 내보낸답니다.

## 난자는 어디에 있을까?

여자의 생식기는 난자를 만드는 난소와 난자와 정자가 만나는 곳인 수란관, 아기집이라고 불리는 자궁 등으로 이루어졌어요. 난소는 한 달에 한 번, 1개의 난자를 내보내고, 그 난자는 수란관에서 정자를 기다리지요.

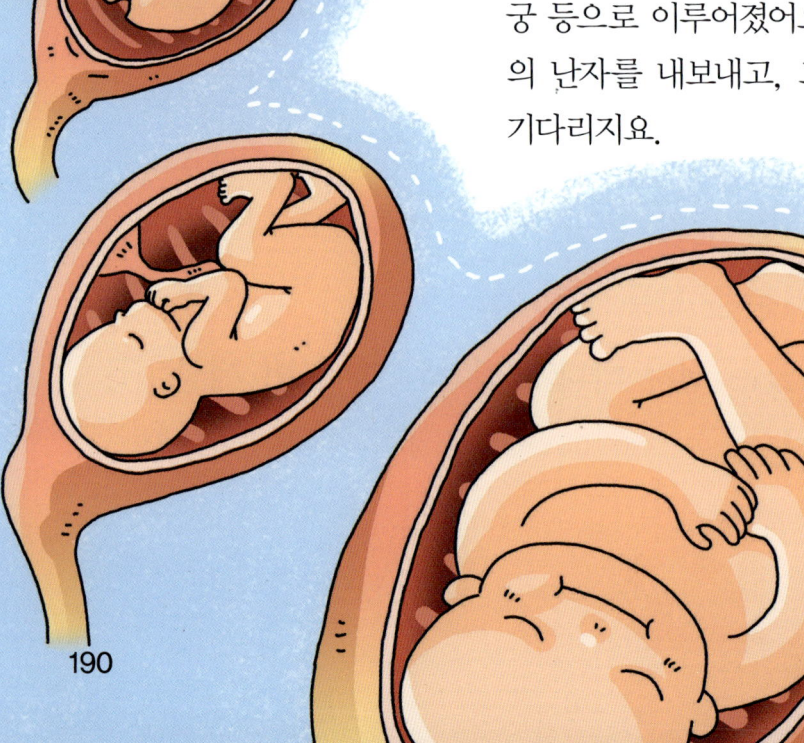

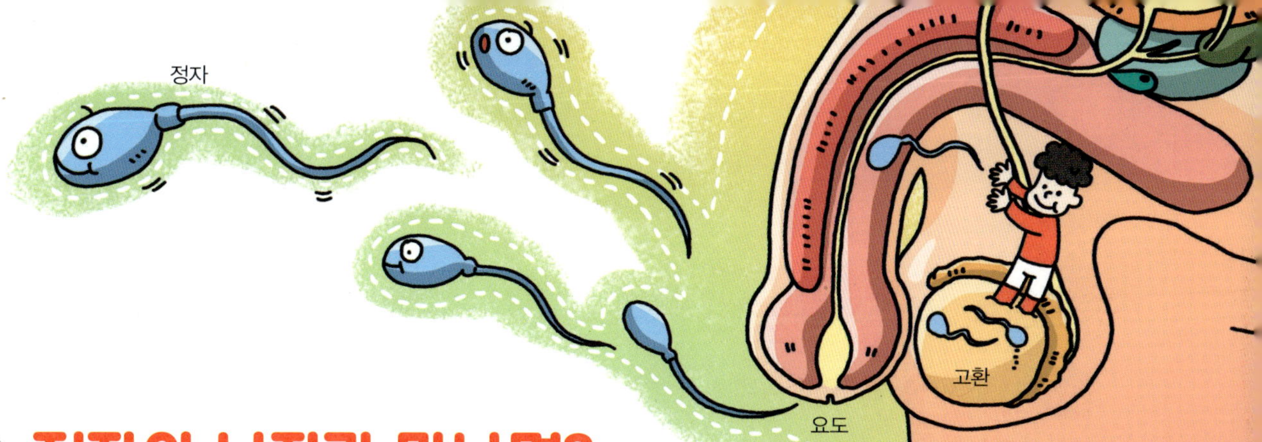

정자

고환
요도

### 정자와 난자가 만나면?

수란관에서 가장 건강하고 힘 있는 정자 하나와 난자가 만나면 서로 합쳐져 '수정란'이라는 한 몸이 돼요. 하지만 아직 아기가 된 것은 아니에요.

### 아기는 언제부터 만들어질까?

수정란이 자궁으로 들어가 벽에 착 달라붙으면 서서히 아기가 만들어지기 시작해요. 아기는 엄마가 주는 영양소를 먹으며 배 속에서 열 달쯤 무럭무럭 자란 뒤에 밖으로 나온답니다.

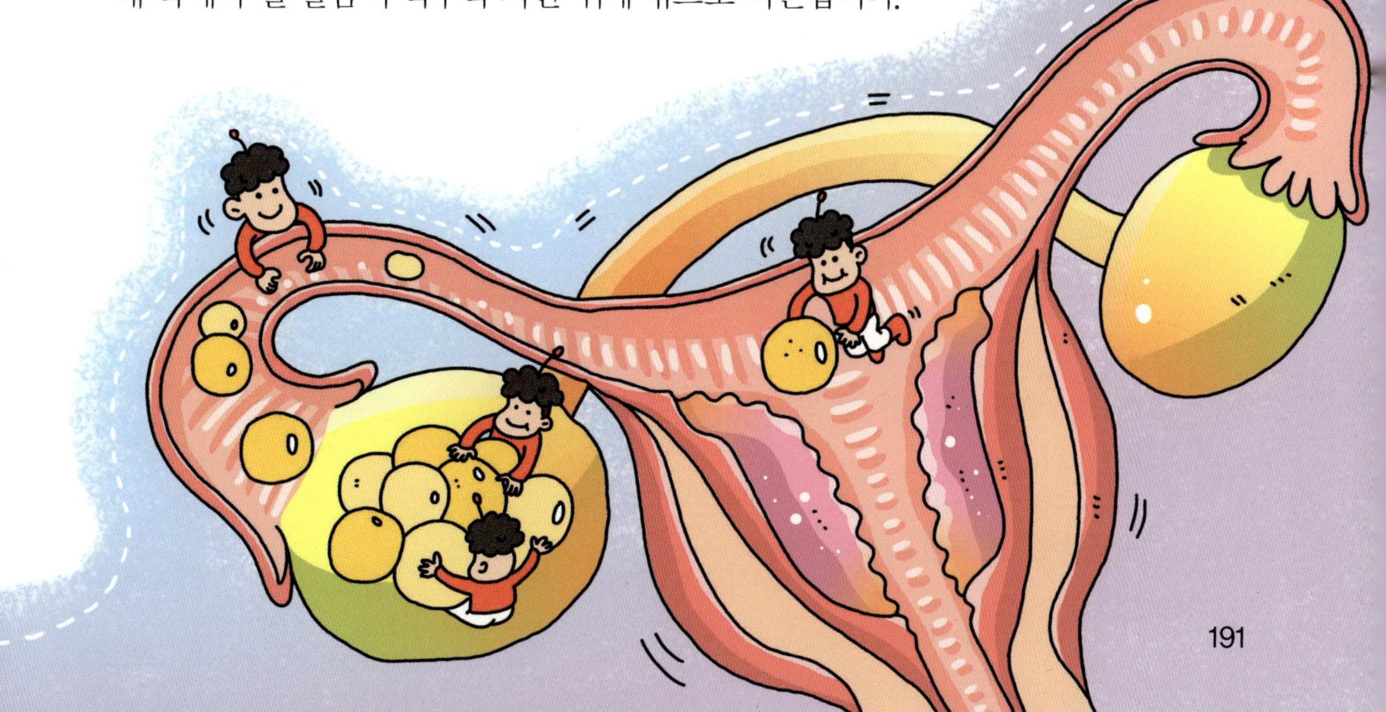

## 쌍둥이는 어떨 때 태어날까요?

**01** 복제 양 돌리처럼 복제했을 때

**02** 난자가 유난히 클 때

**03** 정자가 유난히 클 때

**04** 정자와 난자가 여러 개씩 만났을 때

### 생각 키우기

난자는 보통 한 개씩 나오지만, 여러 개가 동시에 나오는 경우도 있어요. 그럼 수정란도 여러 개가 생겨서 쌍둥이가 태어나지요. 서로 다른 난자와 정자가 각각 만나면 생김새가 다른 이란성 쌍둥이가 태어나요. 또 수정란이 한 개였다가 갑자기 두 개로 나뉘는 경우도 있어요. 이때는 똑같이 생긴 수정란이 나뉜 거니까 똑같이 생긴 일란성 쌍둥이가 태어나지요.

정답 ④

# GUESS 31

| | |
|---|---|
| 첫 번째 힌트 | ★ 우리 몸의 **면역***을 책임져요. |
| 두 번째 힌트 | ★ 아주 좁은 곳까지 **영양소**를 전달해요. |
| 세 번째 힌트 | ★ 몸에 들어오는 **나쁜 세균**을 없애 줘요. |
| 네 번째 힌트 | ★ **혈액** 속의 **혈장**과 비슷해요. |
| 다섯 번째 힌트 | ★ 여드름을 짜면 진물로 나와요. |

\* 면역: 병의 원인을 기억했다가 다시 그 병에 걸리지 않게 하는 기능.

**결정적 힌트** "프림을 거꾸로 말하면?"

  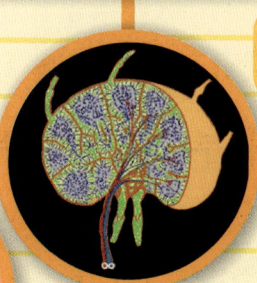

**Lymph**

림 → ㄹㅍㅇ

● 위치 : 온몸　● 기관 : 순환 기관
● 기능 : 운반, 면역

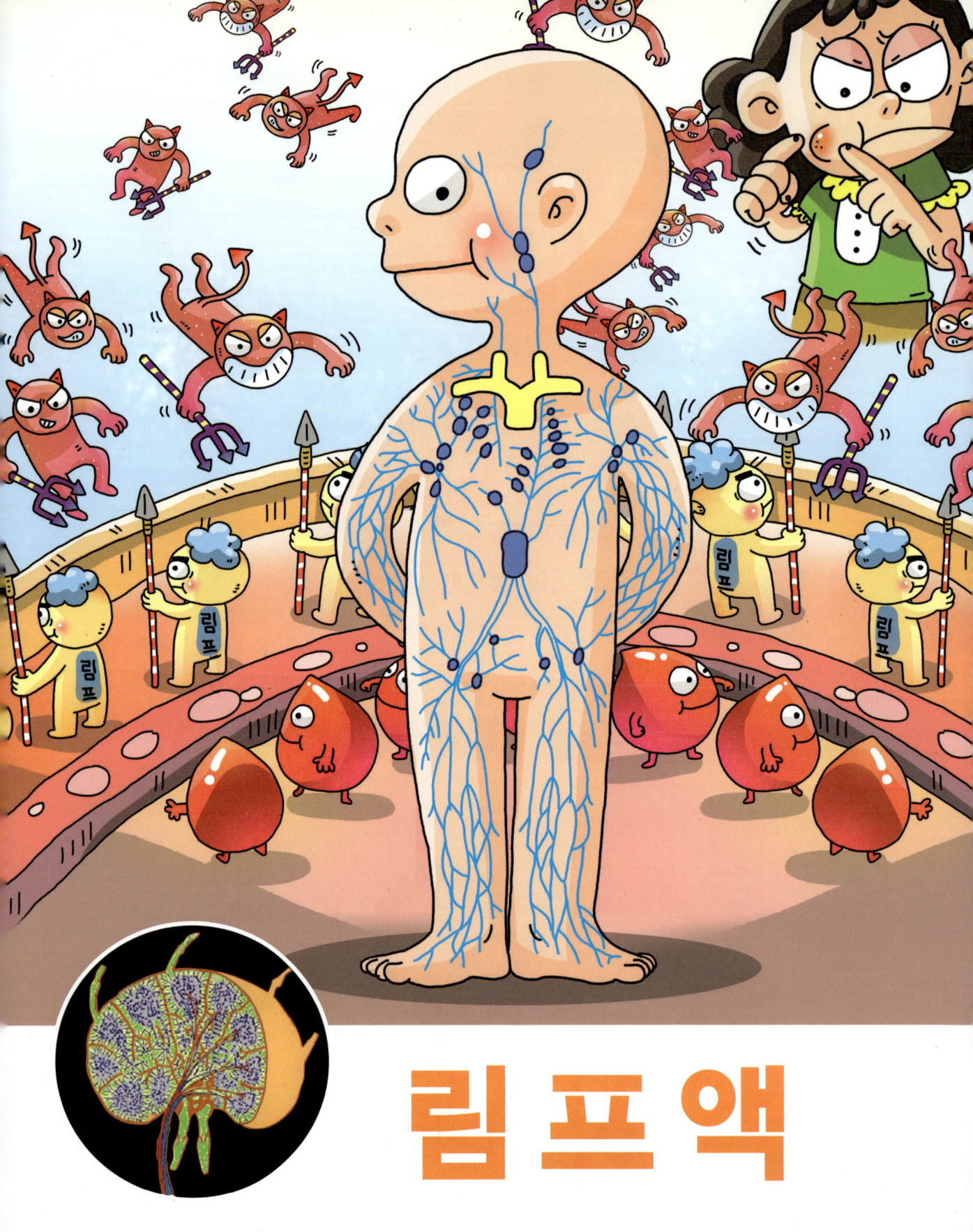

# 림프액

## 영양소 나르고 나쁜 세균 막는 액체
# 림프액

　피부에 상처가 나거나 여드름을 짜고 나면 투명한 액체가 나오는 것을 본 적이 있나요?

　이것이 림프액이랍니다. 림프액은 우리 몸에 들어오는 **나쁜 병균**을 막아 주고, 혈액이 가지 못하는 아주 좁은 부분까지 **영양소**를 운반하지요. 또 그곳에 있는 찌꺼기를 모아다가 혈액에 전달해 주기도 해요.

　**림프액**은 세포 사이사이에 고여 있다가, **림프관**이라는 자기들만의 통로를 따라서 심장 쪽으로 모이지요. 림프관도 혈관처럼 우리 몸 전체에 퍼져 있답니다.

　혈액보다 느리고 압력도 약하지만, 혈액이 미처 가지 못한 곳으로 가서 혈액의 일을 대신해 주는 림프액! 우리 몸에 없어서는 안 될 중요한 순환 기관이지요.

## 림프액이 혈액의 일을 대신한다고?

림프액은 혈액처럼 우리 몸 구석구석까지 영양소를 운반하고, 찌꺼기를 모아 와요. 림프액에는 백혈구의 한 종류인 림프구가 있어서 병균과 싸워 주기도 하지요. 림프액은 혈액이 미치지 못하는 곳에서 혈액의 일을 대신해 준답니다.

## ◆ 림프액은 어디로 다닐까?

림프액은 혈액의 혈장이 모세혈관을 빠져나와 만들어진 거예요. 맨 처음에는 세포 사이에 스며들어 있다가 림프관을 통해 모이지요. 림프관이 정맥과 합쳐지면 림프액은 정맥 속의 혈액과 합쳐져 다시 심장으로 돌아간답니다.

## ◆ 림프관이 모이는 곳, 림프절!

림프절은 사방에 퍼져 있던 림프관들이 만나는 곳으로, 동맥과 정맥도 연결되어 있어요. 림프절은 피부 안에 감추어져 있어서 자세히 만져 보아야만 알 수 있을 정도로 작지만, 우리가 아프면 툭 튀어나오고는 한답니다. 팔에 종기가 나면 겨드랑이의 림프절이 부어오르는 것처럼요. 이것은 나쁜 병균이 우리 몸에 침입하지 못하게 림프구가 마구 늘어나기 때문이에요.

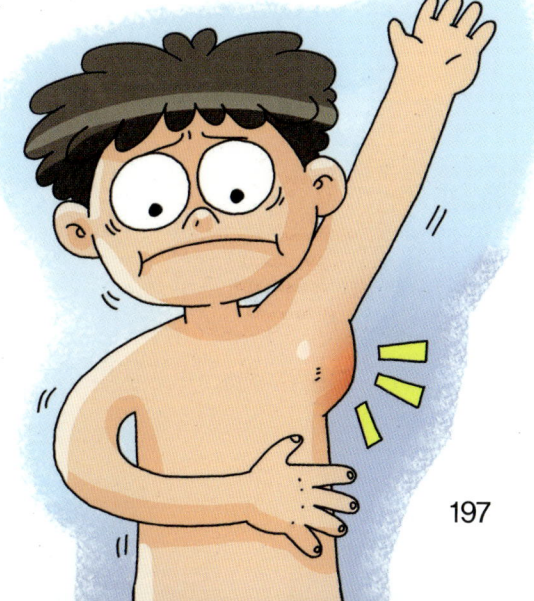

# 림프구는 어떻게 우리 몸을 지켜 줄까요?

**01** 많은 수로

**02** 큰 몸집으로

**03** 좋은 기억력으로

**04** 빠른 움직임으로

### 생각 키우기

림프액 속의 림프구는 우리 몸에 한 번 들어왔던 나쁜 병균에 대해서는 절대로 잊지 않아요. 처음에는 나쁜 병균인 줄 모르고 잘 싸우지 못해서 우리가 열이 나고 힘들지만, 이 나쁜 병균이 다음번에 또 들어올 때를 대비해 잘 기억해 두었다가 힘을 길러 막는답니다. 이것을 '면역'이라고 해요.

# GUESS 32

  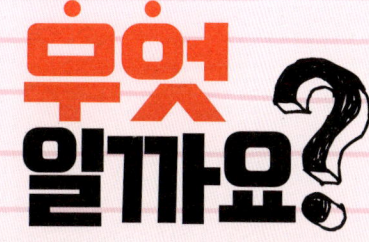

무엇일까요?

| | |
|---|---|
| 첫 번째 힌트 | ★ **배**에 있어요. |
| 두 번째 힌트 | ★ 우리 몸 **한가운데**에 있어요. |
| 세 번째 힌트 | ★ **아기 때**는 톡 튀어나와 있어요. |
| 네 번째 힌트 | ★ 엄마 배 속에서 **중요한** 일을 했어요. |
| 다섯 번째 힌트 | ★ 태어난 후에는 사용하지 않아요. |

 **"탯줄이 이어져 있던 자국"**

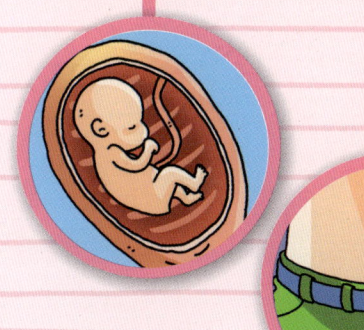 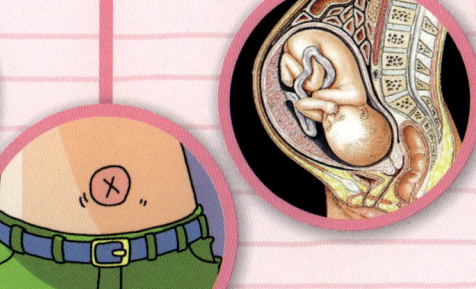 

Navel

# 배
→ ㅂ ㄲ

● 위치 : 배   ● 기관 : 생식 기관
● 기능 : 산소와 영양소 공급

배꼽

## 배에 남아 있는 탯줄의 흔적
# 배꼽

배꼽을 잘 들여다보세요.

전혀 사용하지도 않는 기관이 도대체 왜 몸 한가운데에 떡하니 자리 잡고 있는지 이상하지 않나요?

사실 배꼽은 우리가 살아가는 데는 크게 필요가 없어요. 그러나 우리가 아직 태어나기 전, 엄마 배 속에서 자라던 태아 때에는 아주 중요한 생명줄이었어요. 태아가 영양소를 전달받던 유일한 통로가 바로 배꼽이거든요.

태아가 엄마 배 속의 자궁에 자리 잡았을 때는 심장도 허파도 간도 제 기능을 하지 못해요. 그래서 생명을 유지하는 모든 활동을 태반*이라는 것이 대신해 주고, 탯줄을 통해 필요한 산소와 영양소를 공급받으면서 자라지요. 그러다가 세상에 태어나면 엄마와 아기를 잇고 있던 탯줄을 자르게 되는데 탯줄이 있던 흔적이 바로 배꼽이랍니다.

* 태반 : 태아와 엄마의 자궁을 연결하는 기관으로 탯줄이 달려 있다.

## 사람이 알에서 태어났다고?

사람이 알처럼 보이는 동그란 수정란에서 시작된 건 사실이지만, 알에서 태어났다고 볼 수는 없어요. 알 속에는 새끼가 다 자라 껍데기를 깨고 나올 때까지 필요한 영양소가 들어 있지만, 수정란은 그렇지 못하거든요. 그래서 사람은 태어날 때까지 탯줄을 통해서 계속 영양소를 공급받아야 한답니다.

## ◆ 배꼽이 없으면 엄마도 없는 거야?

모든 포유류는 엄마의 배 속에서 몇 달씩 살면서 엄마에게 영양소를 받아야 하니까 당연히 배꼽이 있어요. 하지만 새나 악어처럼 알로 세상 밖으로 나오는 동물은 탯줄이 필요하지 않기 때문에 배꼽이 없답니다. 그러니까 배꼽이 없다고 엄마가 없는 건 아니에요.

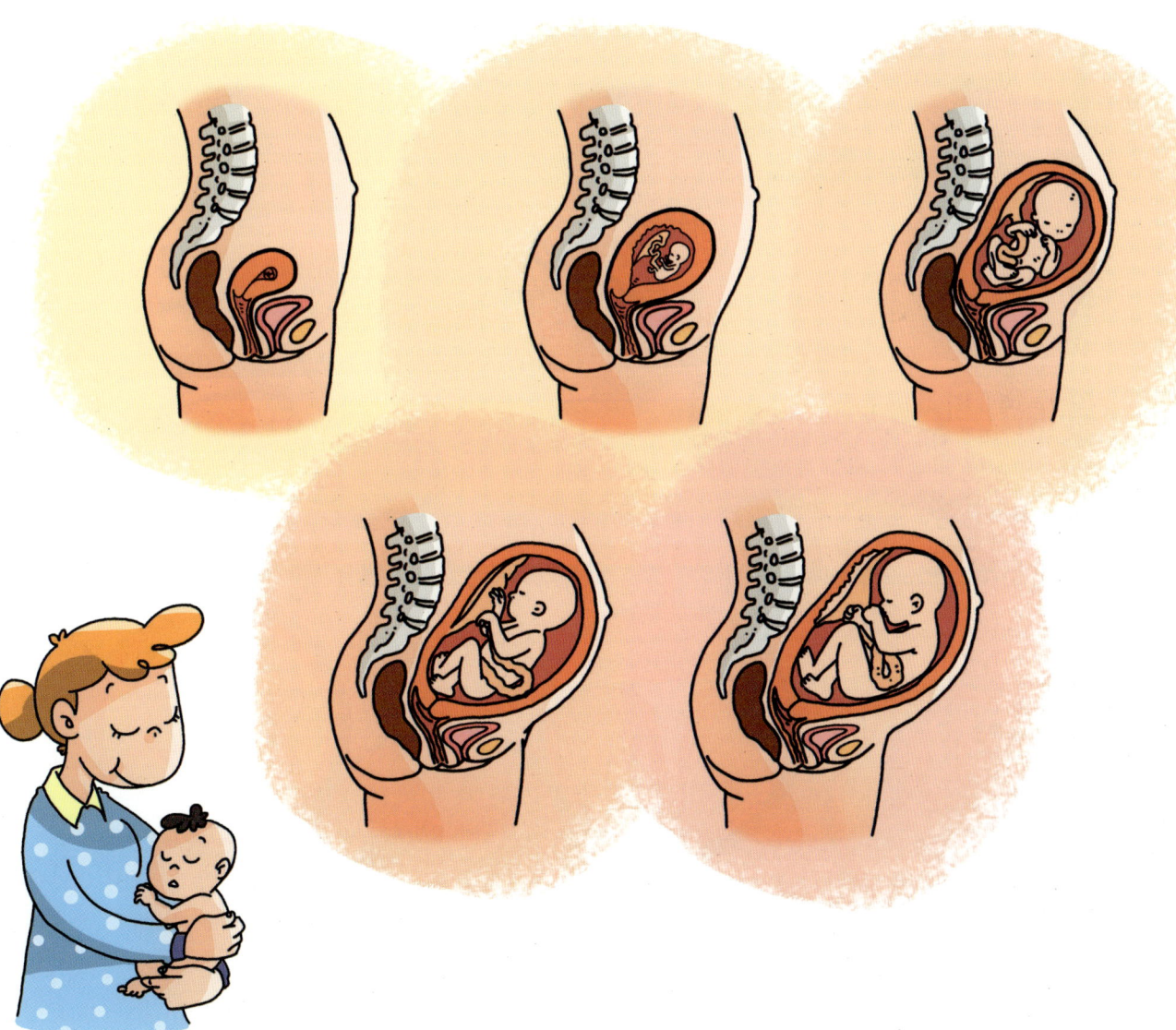

# 아기는 태어날 때 왜 크게 울까요?

**01** 배가 고파서

**02** 눈이 부셔서

**03** 주변이 낯설어서

**04** 허파에 공기가 처음 들어가서

## 생각 키우기

태아가 자라는 엄마의 자궁 속은 양수라는 물로 가득 차 있어요. 태아는 양수 속에서 자라기 때문에 허파로 숨을 쉰 적이 없지요. 그런데 태어나자마자 숨을 쉬느라 처음으로 허파에 공기가 들어가니까 깜짝 놀라 크게 우는 거예요. 그럼 엄마 배 속에서는 산소 없이 어떻게 살았느냐고요? 걱정하지 마세요. 엄마 탯줄을 통해 산소를 공급받았답니다.

정답 ❹

# GUESS 33

## 무엇일까요?

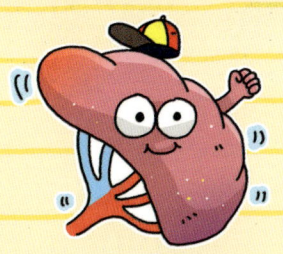

- **첫 번째 힌트** ★ **배** 안에 있어요.
- **두 번째 힌트** ★ **혈액**을 저장해 줘요.
- **세 번째 힌트** ★ 혈액의 양을 **조절**하기도 해요.
- **네 번째 힌트** ★ 태아 때는 **혈액**을 만들어요.
- **다섯 번째 힌트** ★ 늙은 적혈구를 죽여요.

**결정적 힌트** "나의 ○○의 무기를 받아라!"

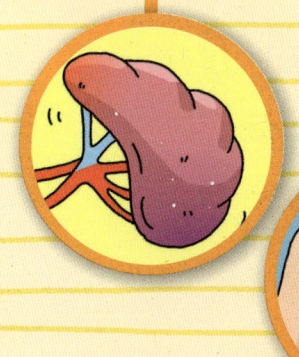
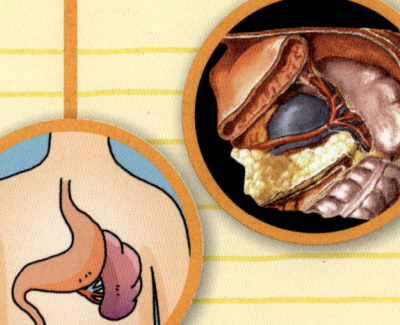

### Spleen

# 비

ㅂ ㅈ

- **위치**: 배
- **기관**: 순환 기관
- **기능**: 혈액 만들기, 혈액 저장, 적혈구 파괴, 림프구 만들기

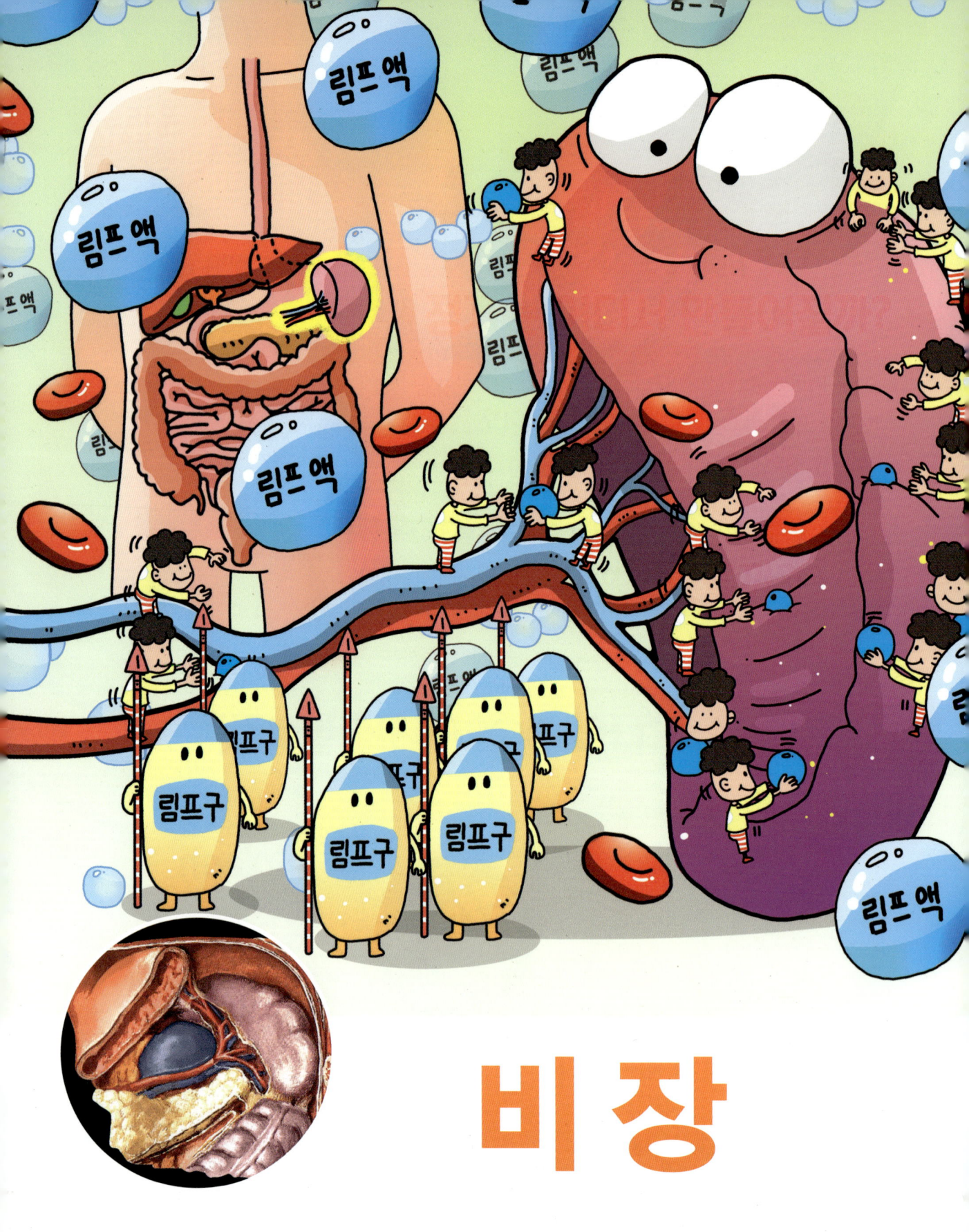

## 혈액을 만들고 저장하는 기관
# 비장

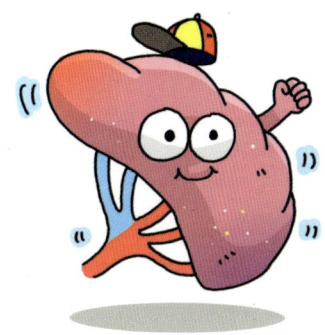

옛 어른들은 마음에 거슬리어 아니꼽고 속상할 때, "비위가 상한다."라는 말을 하곤 했어요. 여기서 '비위'는 비장과 위를 뜻해요.

비장은 **사람의 주먹만 한 크기의 장기**로, '지라'라고도 부른답니다. 비장은 **혈액 속에 있는 세균을 걸러 내고, 세균과 싸우는 림프구를 만들어요.** 또 **늙거나 병든 적혈구를 파괴**해서 몸속의 **혈액량을 알맞게 조절**해 주기도 하지요. 산소를 운반해 주는 적혈구만 마구 늘어나면, 혈액의 구성이 조화를 이루지 못하여 병이 생기기 때문이에요.

비장은 **태아의 혈액**을 만들어 주기도 해요. 엄마 배 속에 있는 태아의 경우, 혈액을 만들어 내는 **뼈**가 아직 생겨나지 않았기 때문에 비장이 대신 혈액을 만들어 주지요. 그러다가 **뼈**가 혈액을 만들어 내는 능력을 갖추게 되면 늙은 적혈구를 파괴하는 일을 주로 한답니다.

207

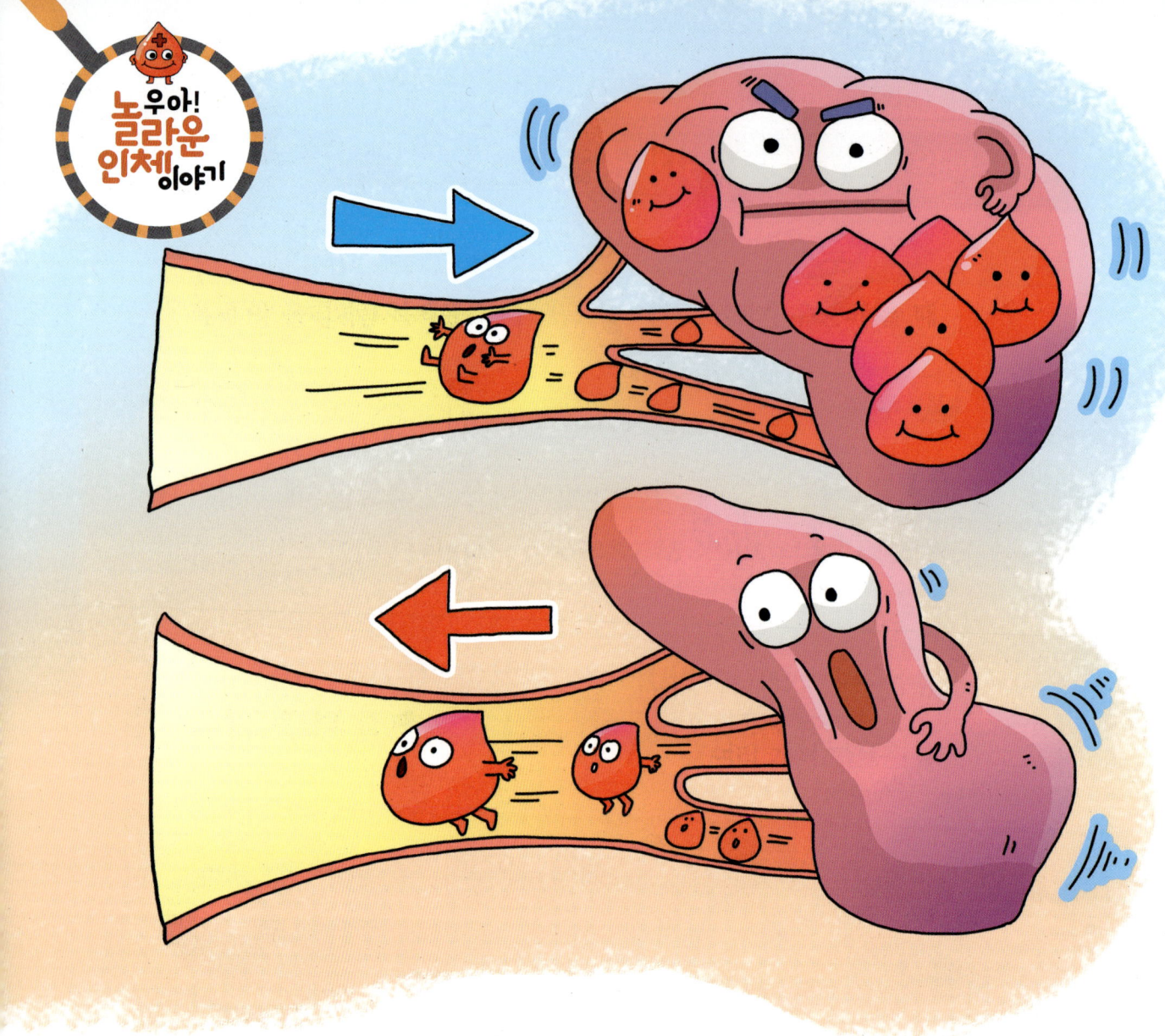

## 🔸 혈액을 저장하는 비장

비장은 주머니처럼 생겨서 안에 액체가 들어가면 부풀어 올라요. 그래서 혈액량을 조절할 수 있지요. 혈관 속에 혈액의 양이 많으면 혈액을 비장에 저장하고, 혈관 속에 혈액의 양이 적으면 혈액을 밖으로 내보낸답니다.

## 혈액을 만드는 비장

태아 때는 아직 뼈가 잘 발달하지 못해서 뼈 안의 골수가 혈액을 제대로 만들어 내지 못해요. 그래서 비장에서 혈액을 만들어 주지요. 하지만 태아가 다 자란 다음에는 비장에서 늙거나 병든 적혈구를 파괴하는 일을 한답니다.

## 림프구를 만드는 비장

비장은 백혈구의 한 종류인 림프구를 만들어 병균의 침입을 막아 주기도 해요. 림프구는 몸에 나쁜 세균과 바이러스 등을 일차적으로 제거해 준답니다. 이런 림프구를 만드는 비장은 참 중요한 기관이지요?

## 비장은 왜 적혈구를 파괴할까요?

**01** 산소를 빼앗으려고

**02** 싸우는 걸 좋아해서

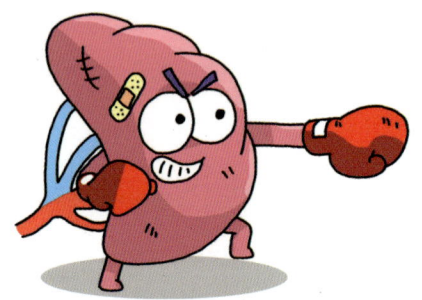

**03** 새 적혈구로 바꿔 주려고

**04** 백혈구만 좋아해서

### 생각 키우기

적혈구는 만들어지고 나서 약 120일이 지나면 힘을 다 쓰고 약해진답니다. 그러면 비장은 힘이 떨어진 늙은 적혈구를 파괴해요. 그리고 저장하고 있던 새로운 적혈구를 내보내지요. 파괴된 적혈구의 헤모글로빈이 가지고 있던 철분은 새로운 헤모글로빈을 만드는 데 재활용된답니다.

정답 ❸

# 무엇일까요?

| | |
|---|---|
| 첫 번째 힌트 | ★ 우리 몸에 꼭 **필요한 활동**이에요. |
| 두 번째 힌트 | ★ **눈**을 **감아야** 해요. |
| 세 번째 힌트 | ★ **꿈**을 꿀 수 있어요. |
| 네 번째 힌트 | ★ **규칙적**이어야 **건강**해요. |
| 다섯 번째 힌트 | ★ 억지로 참으면 졸려요. |

**결정적 힌트**  "잠이라고도 해요."

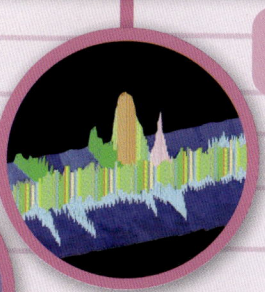

Sleep

## 수

↓

ㅅ ㅁ

● 위치 : 온몸  ● 기관 : 그 밖의 기관
● 기능 : 휴식

211

# 수면

# 온몸이 쉬는 상태
# 수면

공부하거나 재미있는 놀이를 하다가도 졸리면 견딜 수가 없지요? 사람은 대개 일정한 시간이 되면 잠을 자야 하기 때문에 **졸린** 현상이 나타나는 거랍니다.

잠은 '수면'이라고도 하는데, **의식이 없는 상태에서 눈을 감고 쉬는** 거예요. 물론 수면을 취하는 동안에도 숨을 쉬고 소화도 하고 심장도 뛰긴 하지만, 그런 운동은 최소한의 **생명 유지 활동**이지 목적이 있는 활동은 아니지요.

대부분의 동물이 자기 나름의 방법으로 수면 활동을 하지만, 사람처럼 규칙적으로 수면 활동을 하는 동물은 개나 고양이 같은 몇몇 동물뿐이라고 해요.

사람은 규칙적으로 수면을 하면서 몸에 쌓인 피로도 풀고, 뇌도 잠시 쉬게 하지요. 그래서 수면이 부족하면 인지 능력이 떨어져 머리도 나빠지고, 건강도 나빠질 수 있답니다.

## 사람은 왜 규칙적으로 잘까?

사람은 일반적으로 낮에는 일하고 밤에는 쉬는 규칙적인 사회 활동을 해요. 그래서 사회 활동을 하는 성인이 되면 일정한 시간에 잠을 자고 일어나지요. 하지만 아기는 자주 먹어야 하므로 자주 깨고 자주 잠이 들어요. 또 노인이 되면 다시 자주 깨고 자주 잠이 들지요. 그 이유는 성인이 아기나 노인보다 규칙적인 생활이 필요한 사회 활동을 많이 하기 때문이랍니다. 즉 습관이 만든 생체 리듬이지요.

## 밝은 곳에서는 왜 깊이 자지 못할까?

우리 몸에서 일어나는 활동들은 대개 호르몬에 의해 조절돼요. 특히 '멜라토닌'이라는 호르몬은 우리가 푹 잘 수 있게 도와주지요. 멜라토닌은 어두울 때 분비되기 때문에 밤에 많이 나와요. 그래서 밝은 곳에서 잠을 자면 멜라토닌이 적게 나와 깊은 잠을 자기가 어렵답니다.

## 동물도 꿈을 꿀까?

일반적으로 사람만 꿈을 꾼다고 알려졌지만, 사실은 개나 고양이도 꿈을 꿔요. 뇌파*의 활동을 보면 알 수 있는데 동물이 잠을 잘 때 뇌파를 조사해 보면, 사람이 꿈을 꿀 때 나타나는 뇌파와 같은 움직임이 나타난답니다.

* 뇌파: 뇌의 활동에 따라 뇌 신경이 만드는 전류

## 잠꼬대는 왜 할까요?

**01** 할 말이 남아서

**02** 갑자기 목에 이상이 와서

**03** 꿈 내용을 잊어버릴까 봐

**04** 얕은 잠을 자는 중이라서

### 생각 키우기

우리가 왜 꿈을 꾸는지는 정확히 밝혀진 바가 없답니다. 하지만 잠꼬대하는 이유는 알아냈지요. 뇌파 검사를 통해 알아본 바로는 사람이 깊이 잠들었다가 잠에서 약간 벗어난 상태가 되면 잠꼬대를 한다고 해요. 또 얕은 잠을 자는 동안 꿈을 꾸면서 꿈속에서 하는 말을 그대로 내뱉으며 잠꼬대를 하기도 하지요.

정답 ❹

| | |
|---|---|
| 첫 번째 힌트 | ★ **목소리**가 변해요. |
| 두 번째 힌트 | ★ 중요한 곳에 **털**이 나요. |
| 세 번째 힌트 | ★ **키**가 자라요. |
| 네 번째 힌트 | ★ **몸집**이 커져요. |
| 다섯 번째 힌트 | ★ 남자와 여자가 점점 달라져요. |

 결정적 힌트 "어른이 되어 가는 과정"

Growth

성

ㅅ ㅈ

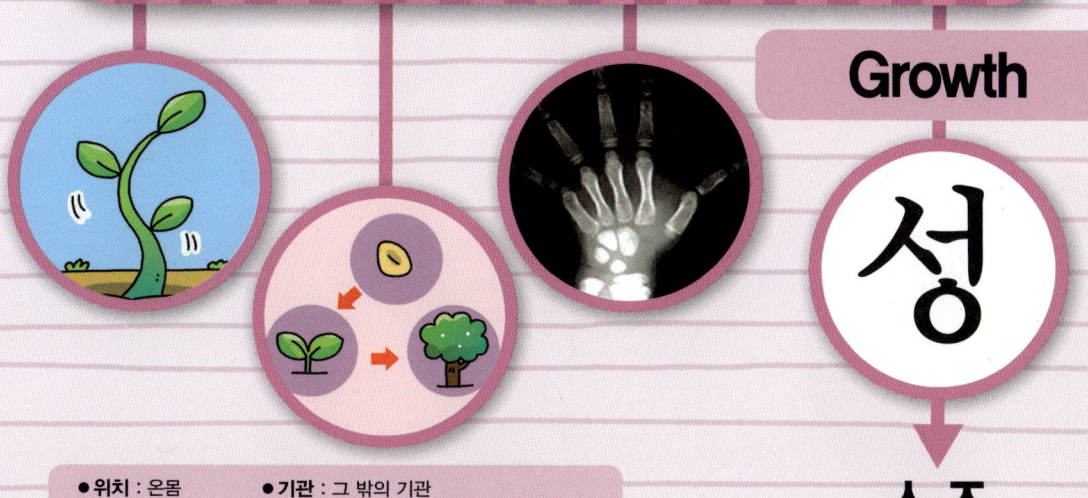

● 위치 : 온몸  ● 기관 : 그 밖의 기관
● 기능 : 성장

# 성장

아기였을 때 사진을 가지고 있나요? 백일 사진이나 돌 사진을 보면 몸이 아주 작을 거예요.

여러분이 **갓난아이**일 때는 키가 50센티미터 정도로 작고, 몸을 일으킬 수 없어서 누워서만 지냈어요. **백일** 사진을 찍었을 때쯤에도 겨우 자기 힘으로 머리를 가눌 수 있을 정도였답니다. 그리고 **돌** 사진을 찍었을 때쯤에는 걸음마를 처음 시작했을 거고요.

그런가 하면, 언니나 형들은 하루가 다르게 부쩍부쩍 **키도 크고 힘도 세지는 걸** 볼 수 있을 거예요.

사람은 태어나서부터 죽을 때까지 몸도 키도 마음도 다 **변해 간답니다.** 이렇게 **어른이 되어 가는 과정**을 성장이라고 해요.

어른이 된 다음에도 우리 몸은 계속 변해요. 나이를 먹으며 할머니, 할아버지가 되어 가는 걸 '늙는다.'고 말하지요.

### ❥ 어른은 왜 아기처럼 쑥쑥 크지 못할까?

몸이 쑥쑥 자라기 위해서는 성장 호르몬이 필요해요. 성장 호르몬은 사춘기 때 가장 많이 나오고, 어른이 되면 점점 줄어들다가 나이가 많아지면 거의 나오지 않는답니다. 그래서 성장 호르몬이 활발하게 나올 때는 쑥쑥 자라다가 어른이 될수록 자라는 속도가 느려지는 거예요.

## 남자와 여자 중 누가 더 빨리 클까?

남자와 여자 모두 성장 속도가 빨라지는 시기가 있어요. 보통 여자에게 먼저 나타나기 때문에 초등학생 때쯤에는 남자아이보다 더 큰 여자아이가 많아요. 그러다 14세쯤 되면 남자는 성장 속도가 급격히 빨라지고, 여자는 차츰 느려져요. 이때부터 남자의 몸집이 여자보다 더 커진답니다.

## 남자와 여자는 왜 점점 달라질까?

사춘기 때 분비되는 성호르몬 때문이에요. 사춘기가 되면 남자는 남성 호르몬인 '테스토스테론'이 분비되어서 목소리가 변하고 조금씩 수염이 나요. 특히 목 부분의 울대뼈가 도드라지게 많이 튀어나오지요. 여자는 여성 호르몬인 '에스트로겐'이 분비되어 가슴과 엉덩이가 커지고, 달마다 '생리'라는 것을 시작해요. 생리는 몸이 아기를 갖기 위한 준비를 하는 거랍니다.

## 사춘기가 되면
# 왜 여드름이 많이 날까요?

**01** 제대로 잠을 못 자서

**02** 공부를 많이 해서

**03** 운동을 많이 해서

**04** 성호르몬이 많이 분비되어서

### 생각 키우기

사춘기가 되면 남녀 모두에게 '안드로겐'이라는 성호르몬이 나온답니다. 안드로겐이 피부의 피지선*을 활발히 운동시키기 때문에 여드름이 나는 것이지요. 여드름을 없애기 위해서는 얼굴뿐만 아니라 손과 발도 깨끗이 씻는 습관을 들여야 해요.

* 피지선 : 기름 물질인 피지를 분비하여 피부를 촉촉하고 매끈하게 보호해 준다.

정답 ❹

## 무엇일까요?

| 첫 번째 힌트 | ★ **배** 안에 있어요. |
| --- | --- |
| 두 번째 힌트 | ★ **큰 창자**라고도 불러요. |
| 세 번째 힌트 | ★ **항문**과 **연결**되어 있어요. |
| 네 번째 힌트 | ★ **소화 기관**이에요. |
| 다섯 번째 힌트 | ★ **똥을** 만들어요. |

 **결정적 힌트** "힘센 나는 우리 동네 골목○○"

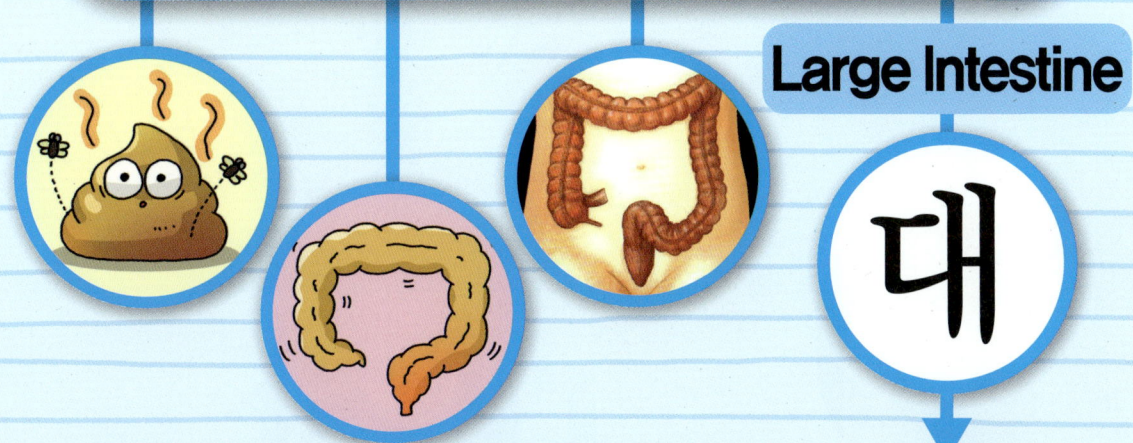

Large Intestine

대
↓
ㄷㅈ

● 위치 : 배   ● 기관 : 소화 기관
● 기능 : 수분 흡수, 똥 만들기

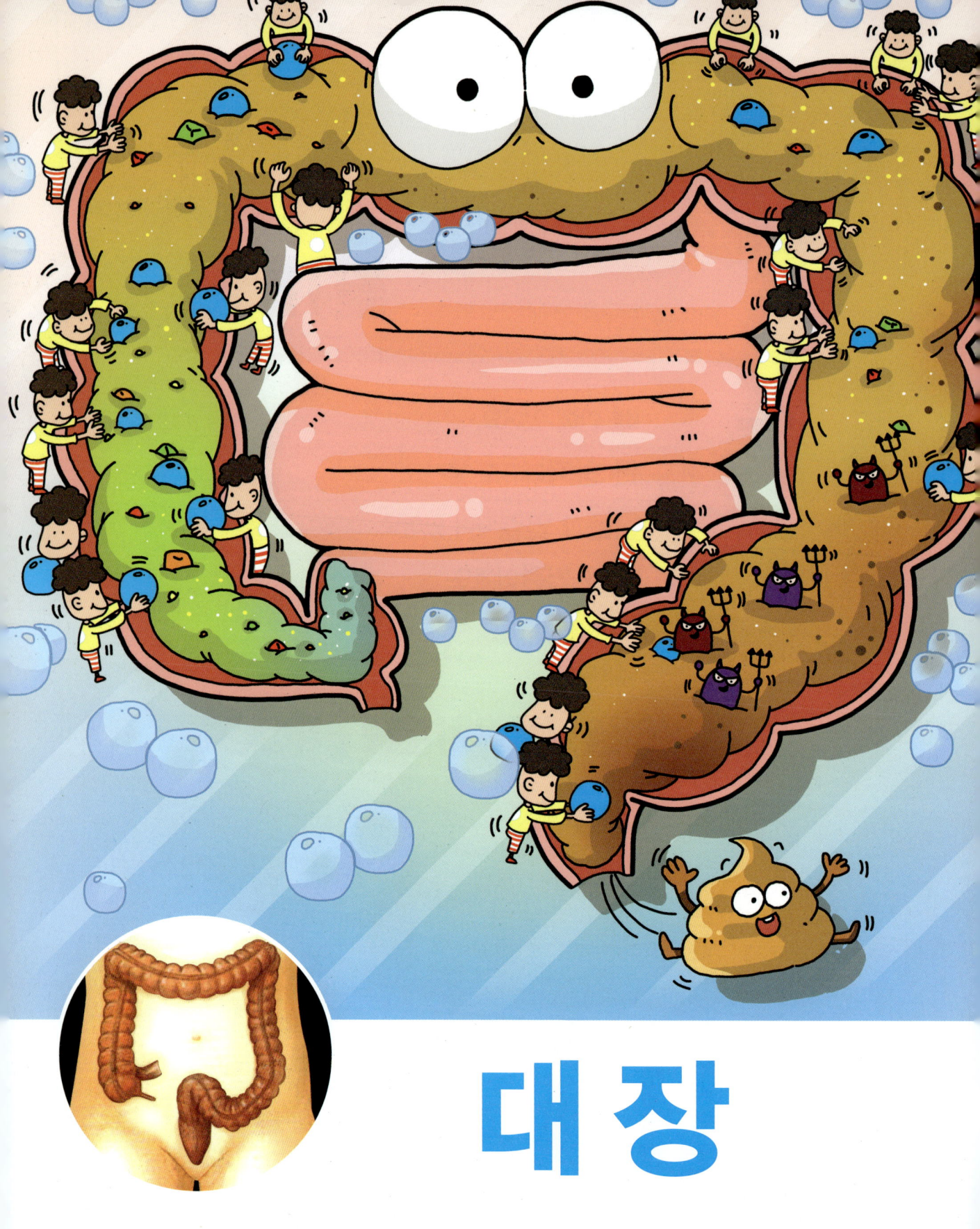

대 장

## 똥을 만드는 소화 기관
# 대장

입으로 음식물을 먹으면 몸 안에 있는 소화 기관은 음식물을 소화하기 시작해요.

이때 음식물은 **위**를 거쳐 **소장**과 **대장**으로 이동하며 모두 소화되는데 대장에 이르렀을 때는 찌꺼기만 남게 되지요. 그런 다음 꿈틀 운동으로 항문을 통해 찌꺼기를 몸 밖으로 내보내는데, 그게 바로 **똥**이랍니다.

소화 기관 중에 가장 마지막에 있는 대장은 맹장과 결장, 직장으로 이루어지고 항문과 연결되어 있어요.

대장은 길이가 1.5미터쯤으로, 소장보다 짧지만 두 배 정도 굵어요. 그리고 소장보다 안쪽 벽이 아주 부드럽지요.

대장은 다른 소화 기관을 거치고 나서 남은 물질에서 **수분을 흡수**하고, **남은 찌꺼기인 똥을 만드는 일**을 한답니다.

## 맹장

맹장은 대장의 시작 부분으로 소장과 대장을 이어 주는 통로예요. 음식을 이동시키는 일만 합니다. 맹장의 아래 끝에는 충수라고 하는 작은 돌기가 붙어 있는데, 충수에 염증이 생기면 맹장염에 걸려요. 그러면 충수를 잘라내는 수술을 한답니다.

## 결장

대장의 대부분을 차지해요. 소화되지 않고 남은 음식 찌꺼기에서 수분을 흡수하여 단단한 똥으로 만들어요. 또 세균이 만든 비타민 같은 물질을 흡수하지요. 대장에는 500종류가 넘는 세균이 살고 있는데, 이 세균들이 비타민이나 가스 같은 물질을 만들어 낸답니다.

## 직장

대장의 가장 마지막 부분으로, 똥이 항문으로 배출되기 전까지 잠시 모아 두는 곳이에요.

## 항문

항문은 똥이 밖으로 배출되는 기관이에요. 흔히 똥구멍이라고도 부르는데, 항상 열려 있는 것이 아니라 괄약근이라는 근육이 언제나 꽉 조인 상태로 있다가 똥을 눌 때에만 열리지요.

# 방귀는 왜 나올까요?

**01** 버릇이 없어서

**02** '싫다'는 표현으로

**03** 장 속에 가스가 생겨서

**04** 배가 아프다는 걸 알리려고

### 생각 키우기

방귀는 몸 안에서 필요 없는 가스를 몸 밖으로 내보내는 거예요. 음식을 먹을 때 입을 통해 들어간 공기와 대장 속의 세균들이 음식 찌꺼기를 발효시키면서 만들어진 가스가 섞인 거랍니다. 음식을 빨리 먹으면 입으로 들어가는 공기가 많아져서 방귀도 많이 뀔 수 있대요.

정답 ❸

## GUESS 37

무엇일까요?

| | |
|---|---|
| 첫 번째 힌트 | ★ **배** 안에 있어요. |
| 두 번째 힌트 | ★ **간** 아래쪽에 붙어 있어요. |
| 세 번째 힌트 | ★ **지방**의 소화를 도와줘요. |
| 네 번째 힌트 | ★ **호랑이**는 있지만, **코끼리**는 없어요. |
| 다섯 번째 힌트 | ★ **담낭**이라고도 부르지요. |

 결정적 힌트 "쓸개즙을 보관해요."

### Gallbladder

쓸 → 쓸 ㄱ

● 위치 : 배    ● 기관 : 소화 기관
● 기능 : 쓸개즙의 보관

229

쓸개

## 쓸개즙 보관하는 주머니
# 쓸개

**쓸개는 쓸개즙을 보관하는 작은 주머니**예요.

음식을 먹으면 보관했던 쓸개즙을 한꺼번에 내보내지요. 하지만 스스로 쓸개즙을 만들어 내는 것은 아니에요. **간에서 만들어 보낸 쓸개즙**을 보관하는 주머니랍니다.

**쓸개즙은 지방을 작은 알갱이로 쪼개서 소화액과 잘 섞이게 도와주는 액체**예요. 쓸개관을 통해 십이지장으로 보내져서 소화를 돕지요. 그런데 쓸개즙을 보관하는 기간이 길어지면 물이 적어지면서 단단하게 굳어 담석이라는 작은 돌이 생기기도 해요. 담석 때문에 병이 생기면 쓸개를 떼어 내기도 하지요.

쓸개가 없어진다면 어떤 일이 일어날까요? 지방을 소화시키지 못하게 될까요? 그렇지는 않답니다. 다만 간에서 그때그때 조금씩 내보내는 쓸개즙을 사용할 수밖에 없으니까 쓸개즙의 농도가 엷어서 소화력이 약해질 뿐이랍니다.

## ⭐ 쓸개는 얼마나 클까?

쓸개는 길이가 약 8센티미터이고 너비는 약 3센티미터예요. 주머니 형태로 간 아래쪽에 붙어서 간이 만들어 내는 쓸개즙을 진하게 농축했다가 음식물을 먹기 시작하면 30분 내에 모두 내보내서 쓸개 안은 텅 비어 버리고 만답니다.

# 웅담이 약이 된다고?

웅담은 곰의 쓸개를 말린 거예요. 몸의 열을 내리고 독을 없애 준다고 해서 옛날부터 약으로 많이 쓰였지요. 또 소의 쓸개즙이 딱딱하게 굳어서 생긴 담석은 우황이라고 불러요. 우황도 웅담처럼 약으로 많이 쓰이지요.

# 코끼리는 왜 쓸개가 없을까?

대부분의 동물은 쓸개가 있지만, 코끼리나 말, 사슴 같은 동물은 쓸개가 없어요. 호랑이나 사자처럼 사냥해서 한 번에 많이 먹고 휴식을 취하는 동물은 쓸개즙이 갑자기 많이 필요하기 때문에 쓸개즙을 모아 두는 쓸개가 발달했을 거라고 해요. 그런데 코끼리나 말, 사슴처럼 하루 종일 돌아다니며 수시로 풀을 뜯어 먹는 동물은 쓸개즙이 계속 쓰이기 때문에 쓸개즙을 따로 모아 둘 필요가 없어서 쓸개가 없어졌을 거래요.

# '쓸개 빠진 녀석'이라는 옛말은 무슨 뜻일까요?

**01** 초식 동물처럼 온순한 사람

**02** 채식주의자

**03** 쓸개가 없는 사람

**04** 용기가 없는 사람

### 생각 키우기

쓸개는 '담'이라고도 부르는데, 한의학에서는 쓸개가 용기를 불러일으킨다고 알려져 있어요. 그래서 '담이 크다.'라고 말하는 것은 용기가 있다는 뜻이고, '쓸개가 빠졌다.'라고 말하는 것은 용기 없이 비겁하고 줏대가 없다는 뜻이랍니다.

## GUESS 38

무엇일까요?

| 첫 번째 힌트 | ★ 우리 몸 안에 **두 개** 있어요. |
| 두 번째 힌트 | ★ **방광**과 연결되어 있어요. |
| 세 번째 힌트 | ★ **신장**이라고도 불러요. |
| 네 번째 힌트 | ★ **혈액을 맑게** 해 줘요. |
| 다섯 번째 힌트 | ★ 오줌을 만들어요. |

**결정적 힌트** "콩이나 팥처럼 생겼대요."

Kidney

# 콩

→ ㅋ ㅍ

● 위치 : 아랫배　　● 기관 : 그 밖의 기관(배설 기관)
● 기능 : 오줌 만들기

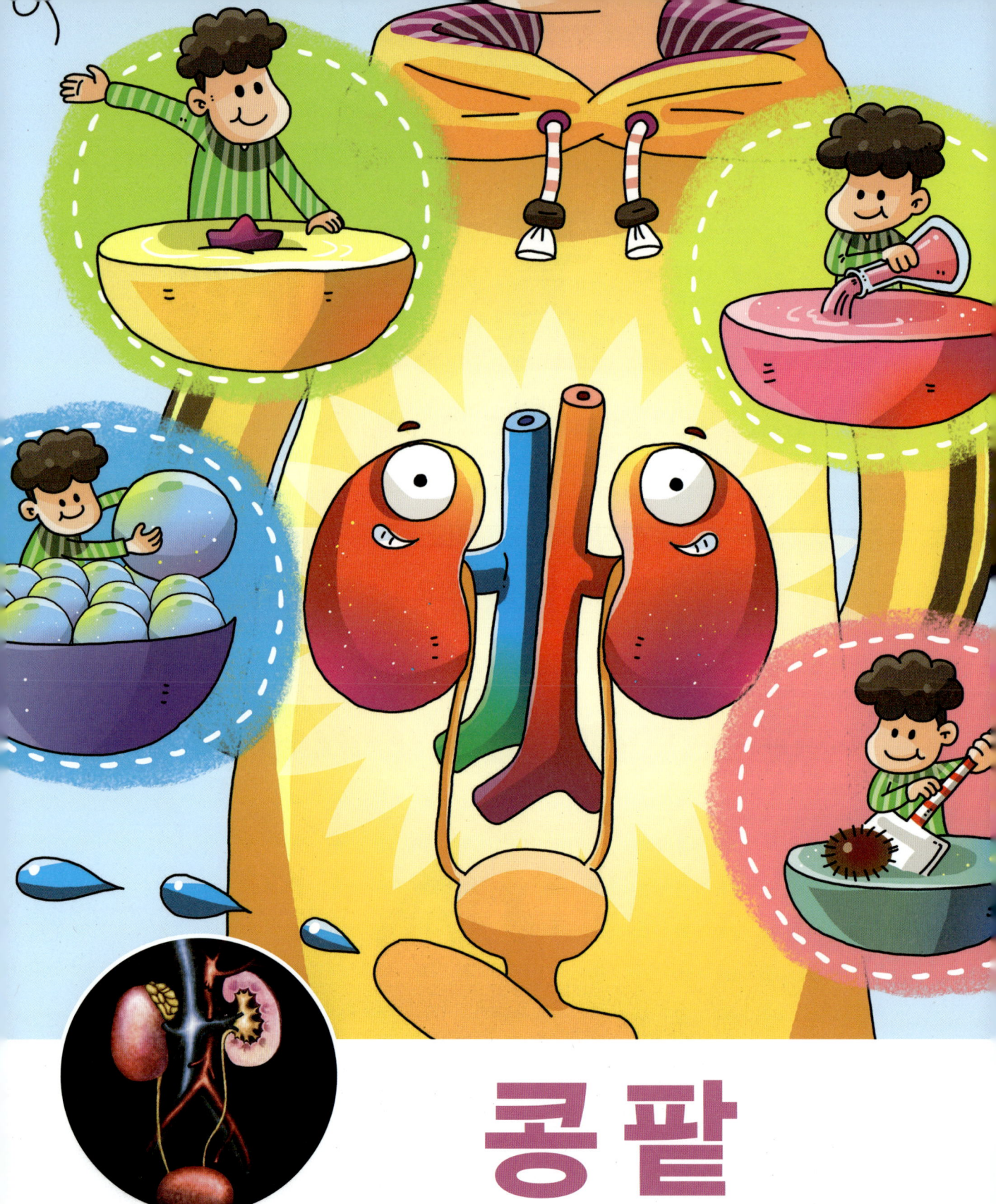

# 콩팥

## 오줌을 만드는 기관
# 콩팥

 심장이 1분에 1리터쯤 되는 혈액을 펌프질해서 보내는 곳, 바로 콩팥이에요.

 신장이라고도 불리는 콩팥은 모양은 강낭콩을, 색깔은 팥을 닮았다고 해서 '콩팥'이라고 불러요. 크기는 어른 주먹만 하고 허리뼈 양쪽으로 등 쪽에 한 개씩 자리 잡고 있지요. 콩팥은 세 부분으로 이루어져 있는데 바깥쪽은 **겉질**이고 그 안쪽은 **속질**, 그리고 속질 안쪽이 **신우**(콩팥 깔때기)랍니다.

 콩팥이 하는 가장 중요한 일은 혈액 속의 찌꺼기들을 걸러서 **오줌**을 만드는 거예요. 우리 몸이 영양소와 산소를 이용해 에너지를 만들어 쓰는 동안, 혈액 속에는 찌꺼기가 쌓여요. 찌꺼기가 계속 쌓이면 병에 걸리지요. 그런데 콩팥이 혈액을 깨끗하게 해서 우리 몸을 건강하게 지켜 준답니다.

## 콩팥이 하는 일!

콩팥은 오줌을 만들어 배설하며 다음과 같은 일을 해요.
첫째, 혈액 속의 불필요한 물질을 걸러 내 오줌으로 내보내요.
둘째, 혈액이 너무 묽거나 진할 때 혈액의 농도를 조절해 줘요.

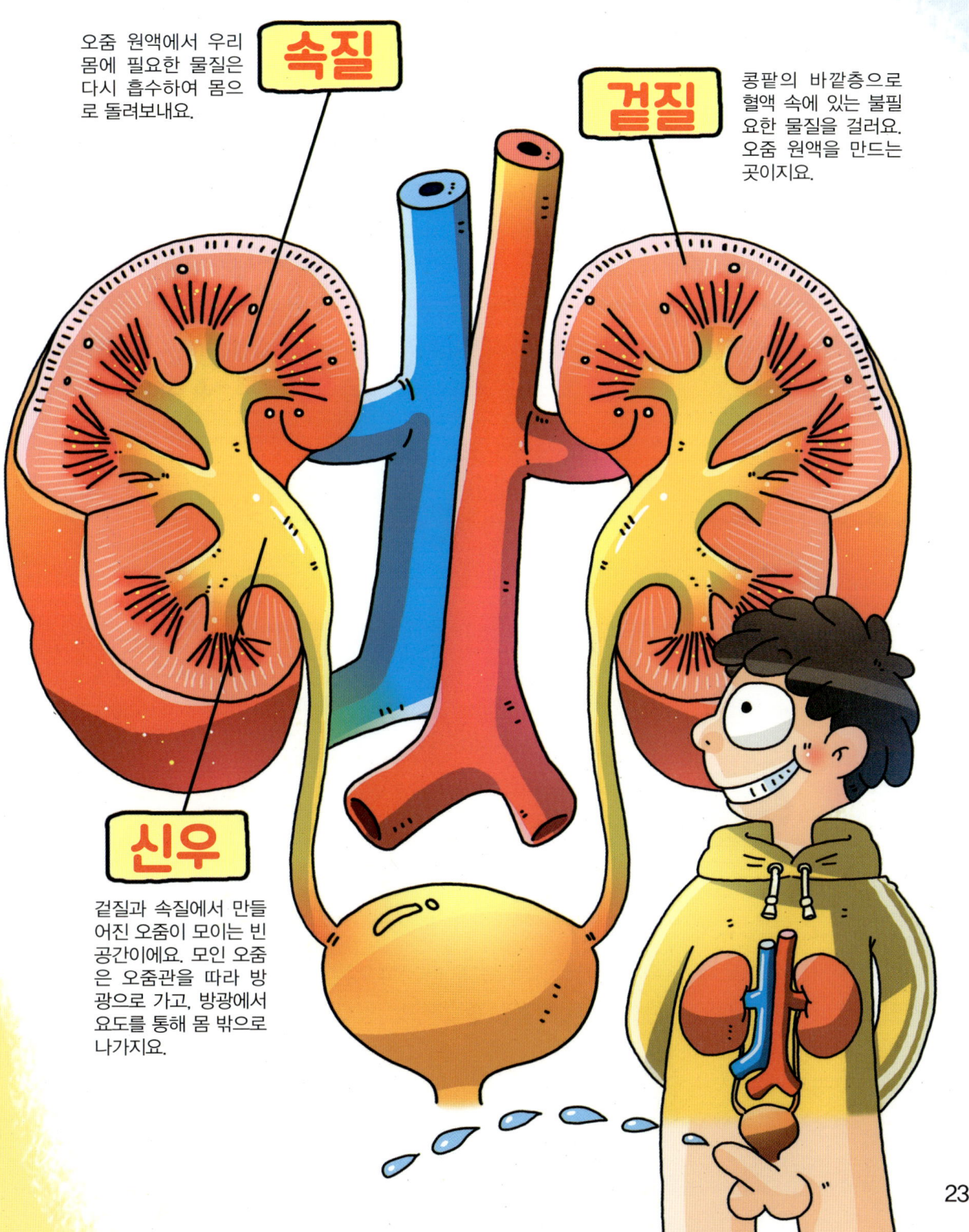

# 콜라를 마셨는데
# 왜 오줌은 투명할까요?

**01** 똥으로 이미 배출되었으니까

**02** 멜라닌 색소로 변해서

**03** 콜라가 김이 빠져서

**04** 수분만 남아서

### 생각 키우기

우리가 마시는 음료나 우유는 바로 오줌으로 빠져나오는 게 아니라 먼저 소화기관에서 소화가 돼요. 그다음에 혈액으로 흡수되고, 콩팥에서 걸러진 뒤 수분만 오줌으로 빠져나오는 거랍니다. 그래서 색소가 있는 음식물을 먹었다 하더라도 오줌은 투명하지요.

정답 ❹

## GUESS 39

 무엇 일까요?

| | |
|---|---|
| 첫 번째 힌트 | ★ 요도와 연결되어 있어요. |
| 두 번째 힌트 | ★ 풍선처럼 잘 늘어나요 |
| 세 번째 힌트 | ★ 항문처럼 괄약근이 있대요. |
| 네 번째 힌트 | ★ 오줌이 들어 있어요. |
| 다섯 번째 힌트 | ★ 꽉 차면 오줌이 마려워요. |

**결정적 힌트:** "오줌보라고도 불러요."

**Bladder**

방 → ㅂㄱ

● 위치 : 아랫배  ● 기관 : 그 밖의 기관(배설 기관)
● 기능 : 오줌의 보관

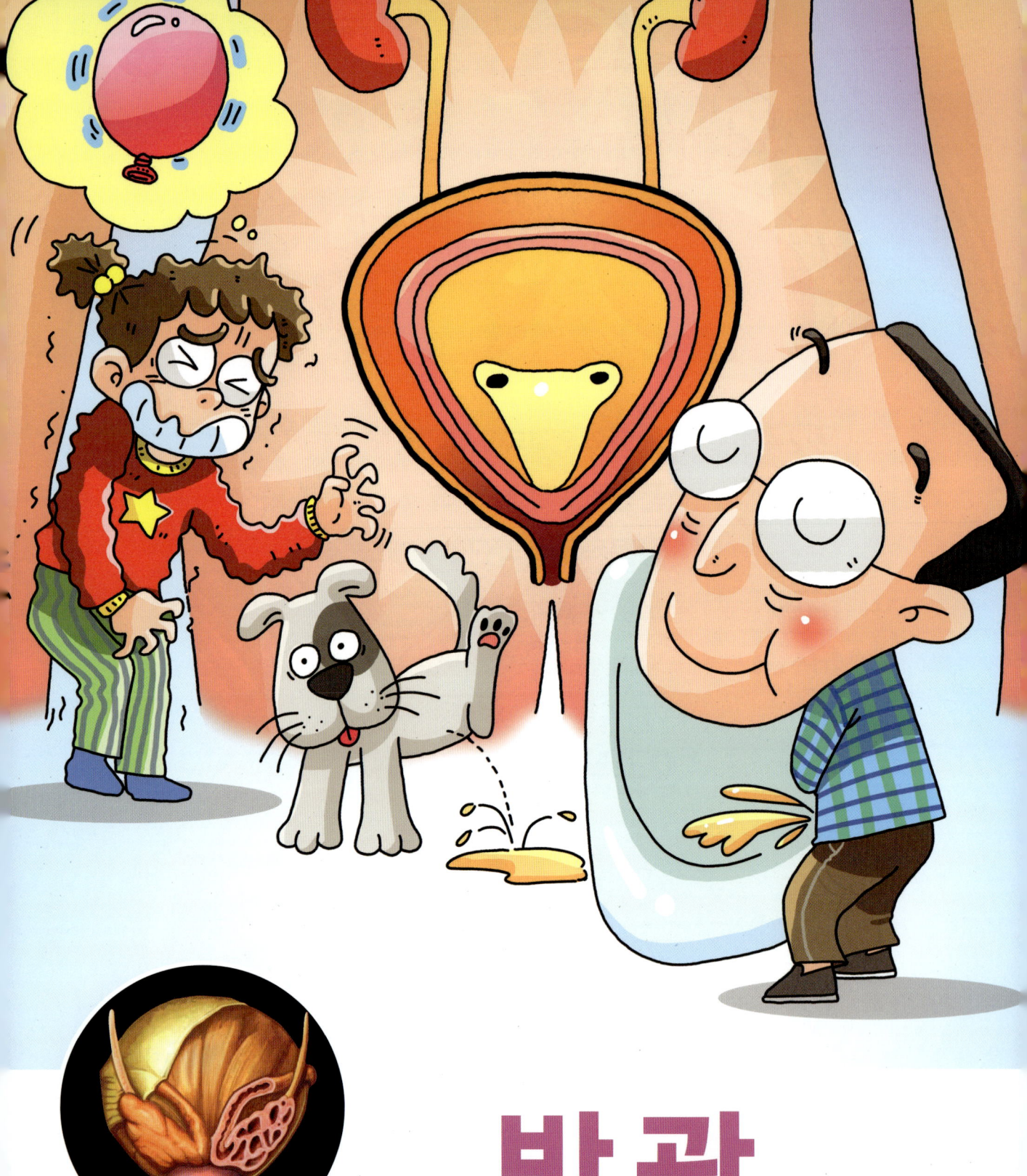

방광

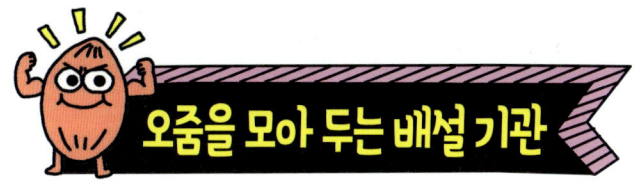
## 오줌을 모아 두는 배설 기관
# 방광

여러분은 축구를 좋아하나요?

축구 하면 어떤 나라가 떠오르나요? 대부분은 브라질이나 아르헨티나를 떠올리겠지만, 사실 가장 먼저 축구 형태의 놀이를 한 나라는 중국이랍니다. 그때는 축구공이 아니라 돼지의 방광을 축구공처럼 썼다고 해요.

방광은 오줌을 모아 두는 기관으로 주머니 모양을 하고 있어요. 안에 물을 넣으면 팽팽해져서 공처럼 차고 놀기 좋았던 거지요.

돼지뿐만 아니라 사람의 방광도 오줌을 보관하는 일을 해요. 콩팥에서 보낸 오줌을 방광이 저장하고 있다가, 오줌의 양이 많아지면 요도를 통해 몸 밖으로 내보내는 거예요. 방광은 풍선처럼 신축성이 좋은 기관이랍니다.

### ◆ 방광

콩팥에서 걸러 낸 오줌은 방광으로 가요. 방광에서는 오줌을 어느 정도 모았다가 일정한 양이 되면 요도를 통해 몸 밖으로 내보내지요. 많게는 1리터 정도의 오줌을 담을 수 있지만, 그 반만 차도 우리는 오줌이 마려워서 화장실에 가게 된답니다.

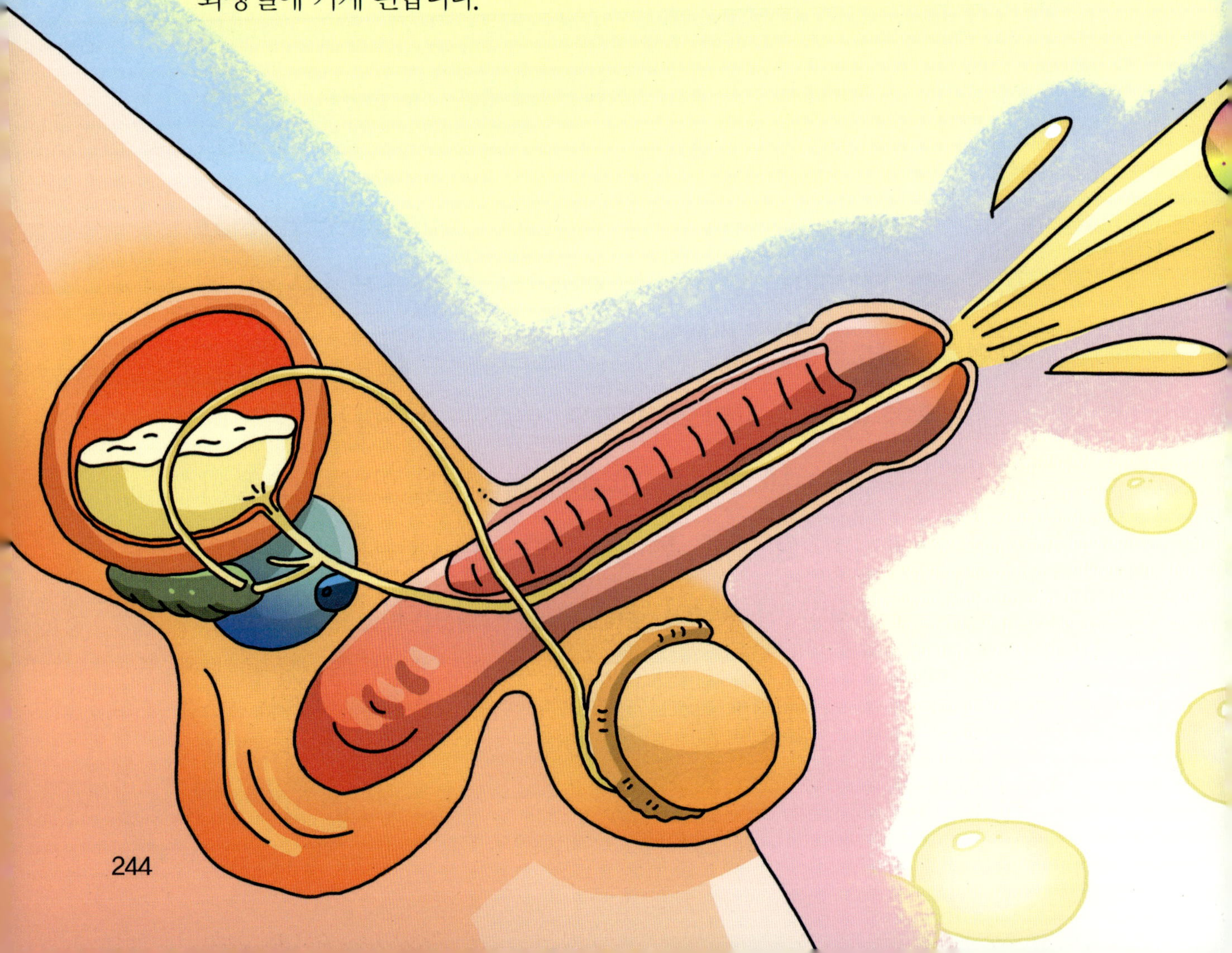

## ✦ 요도

방광에서부터 몸 밖으로 오줌을 내보내는 길이에요. 남자의 요도는 길이가 약 20센티미터이지만 여자는 약 4센티미터로 아주 짧답니다.

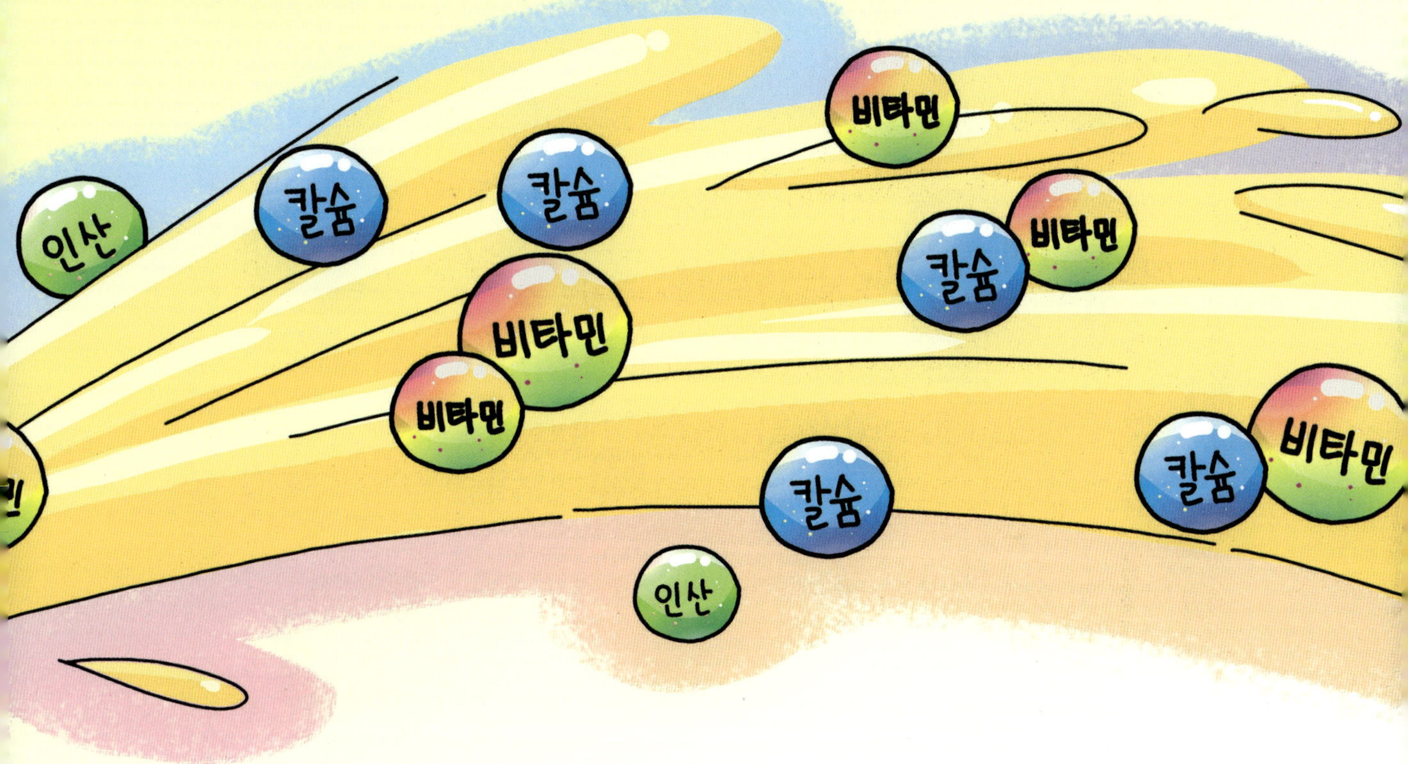

## ✦ 오줌

소변이라고도 하지요. 오줌은 그냥 무색투명한 물이 아니에요. 우리 몸에 필요하지 않은 성분이나 몸속에 지나치게 많은 성분을 포함하고 있기도 하지요. 대체로 오줌 안에는 각종 비타민과 칼슘, 인산, 무기 염류 등이 들어 있어요.

# 소변 검사로 알아낼 수 없는 것은 무엇일까요?

**01** 혈액형이 무엇인지

**02** 담배를 피우는지 안 피우는지

**03** 스트레스를 얼마나 받는지

**04** 마약을 하는지 안 하는지

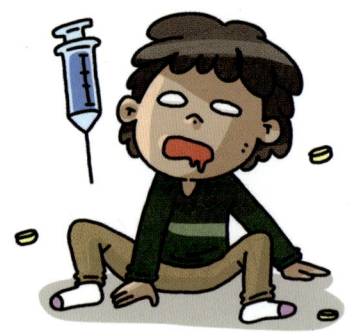

### 생각 키우기

소변 검사를 통해서 우리는 스트레스의 정도, 성병, 임신, 방광염, 당뇨병, 신장염, 흡연, 그리고 마약의 중독 여부까지도 알아낼 수 있답니다. 그러나 혈액형만은 알 수가 없어요. 혈액형은 혈액 검사를 통해서만 알 수 있답니다.

정답 ❶

 무엇일까요?

| | |
|---|---|
| 첫 번째 힌트 | ★ **배** 안에 가득 차 있어요. |
| 두 번째 힌트 | ★ **소화 기관** 중에 하나예요. |
| 세 번째 힌트 | ★ **위**와 **대장 사이**에 있어요. |
| 네 번째 힌트 | ★ 펼쳐 놓으면 우리 **키**의 **몇 배**가 된대요. |
| 다섯 번째 힌트 | ★ **작은창자**라고도 불러요. |

 결정적 힌트 "**대장** 말고, ○**장**"

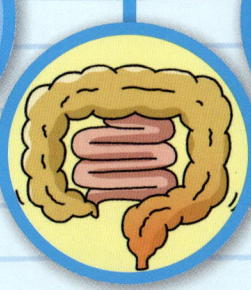

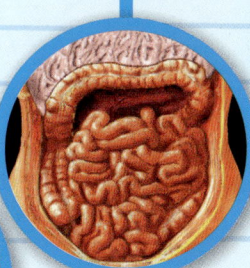

**Small Intestine**

소

ㅅ ㅈ

● 위치 : 배  ● 기관 : 소화 기관
● 기능 : 음식물의 소화, 영양소의 흡수

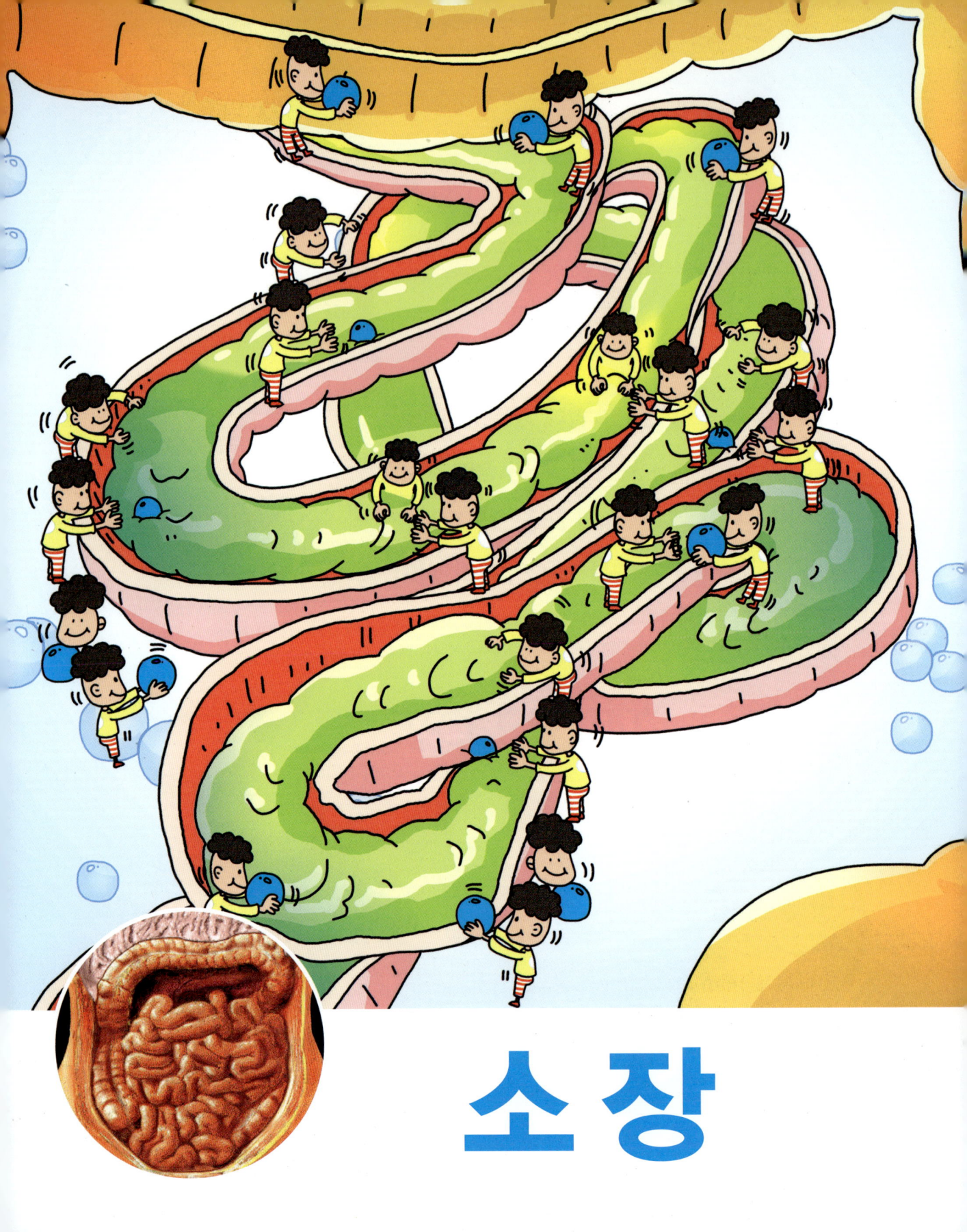

소장

## 가장 긴 소화 기관
# 소장

우리가 음식을 먹으면 소화 기관이 운동을 하기 시작해요. 그 순서를 보면, 먼저 입이 음식물을 씹어서 소화하기 쉽도록 잘게 부수어요. 그러고 나면 위에서 또다시 걸쭉하게 반죽하여 아래로 내려보내는데, 이때까지는 음식물을 갈고 부술 뿐 **영양소**를 흡수하는 것은 아니랍니다. 음식물이 가진 영양소를 실제로 흡수하기 시작하는 곳은 바로 **소장**이에요.

소장은 위와 대장 사이에 있는데, 쫙 펼쳐 놓으면 길이가 6~7미터쯤 되고, **십이지장**과 **공장**, **회장**, 세 부분으로 이루어져 있어요.

이렇게 기다란 소장이 우리 몸속에 꼬불꼬불하게 자리 잡고, 음식물에 있는 영양소를 흡수해 주기 때문에 우리가 건강하고 씩씩하게 생활할 수 있답니다.

### 십이지장

십이지장은 소장이 시작되는 부분으로 위와 연결되어 있어요. 길이가 손가락 12개 정도를 옆으로 늘어놓은 것과 같다는 뜻을 가졌지만, 실제 길이는 25~30센티미터 쯤이랍니다. 십이지장은 간, 쓸개, 이자와 연결되어 있어 3대 영양소인 탄수화물, 단백질, 지방의 소화를 돕는 소화액이 모이지요. 또 위에서 넘어오는 산성 물질을 중화시켜 준답니다.

### 공장

공장은 길이가 2미터 정도로 십이지장을 제외한 나머지 소장의 약 5분의 2를 차지해요. 음식물 소화와 영양소 흡수가 가장 활발하게 일어나는 곳이지요. 혈액을 풍부하게 공급받기 때문에 짙은 적색을 띤답니다.

### 회장

회장은 소장의 끝부분으로 길이가 3미터 정도예요. 공장에서 미처 흡수하지 못한 영양소를 꼼꼼하게 흡수하지요. 회장은 공장보다 가늘고 움직임도 느리답니다.

### 융털

소장의 안쪽 벽은 주름이 지고, 표면에 융털이라고 하는 아주 작은 돌기가 빽빽이 돋아 있어요. 이 융털에서 음식물의 영양소를 흡수한답니다.

# 소장은 왜 꼬불꼬불할까요?

**01** 잘못 만들어서

**02** 음식물을 많이 저장해야 해서

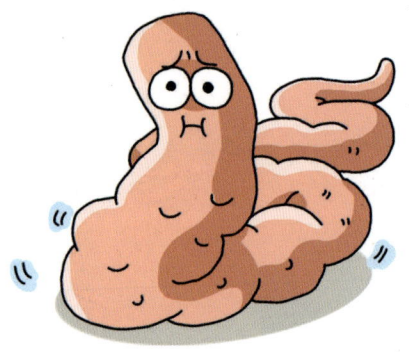

**03** 충격을 흡수하라고

**04** 길이가 너무 길어서

### 생각 키우기

소장은 음식물을 확실하게 소화시키고 영양소를 흡수하기 위해서 길이가 굉장히 길답니다. 길이가 대개 6미터가 넘지요. 이렇게 긴 소장이 좁은 배 안에 자리 잡기 위해서 꼬불꼬불 접혀 있는 거랍니다.

무엇일까요?

인 체 백 과

- 신비한 우리 몸
- 건강한 우리 몸
- 한눈에 보는 우리 몸
- 찾아보기

## 몸에 있는 여러 부분의 이름을 알아맞혀 보아요.

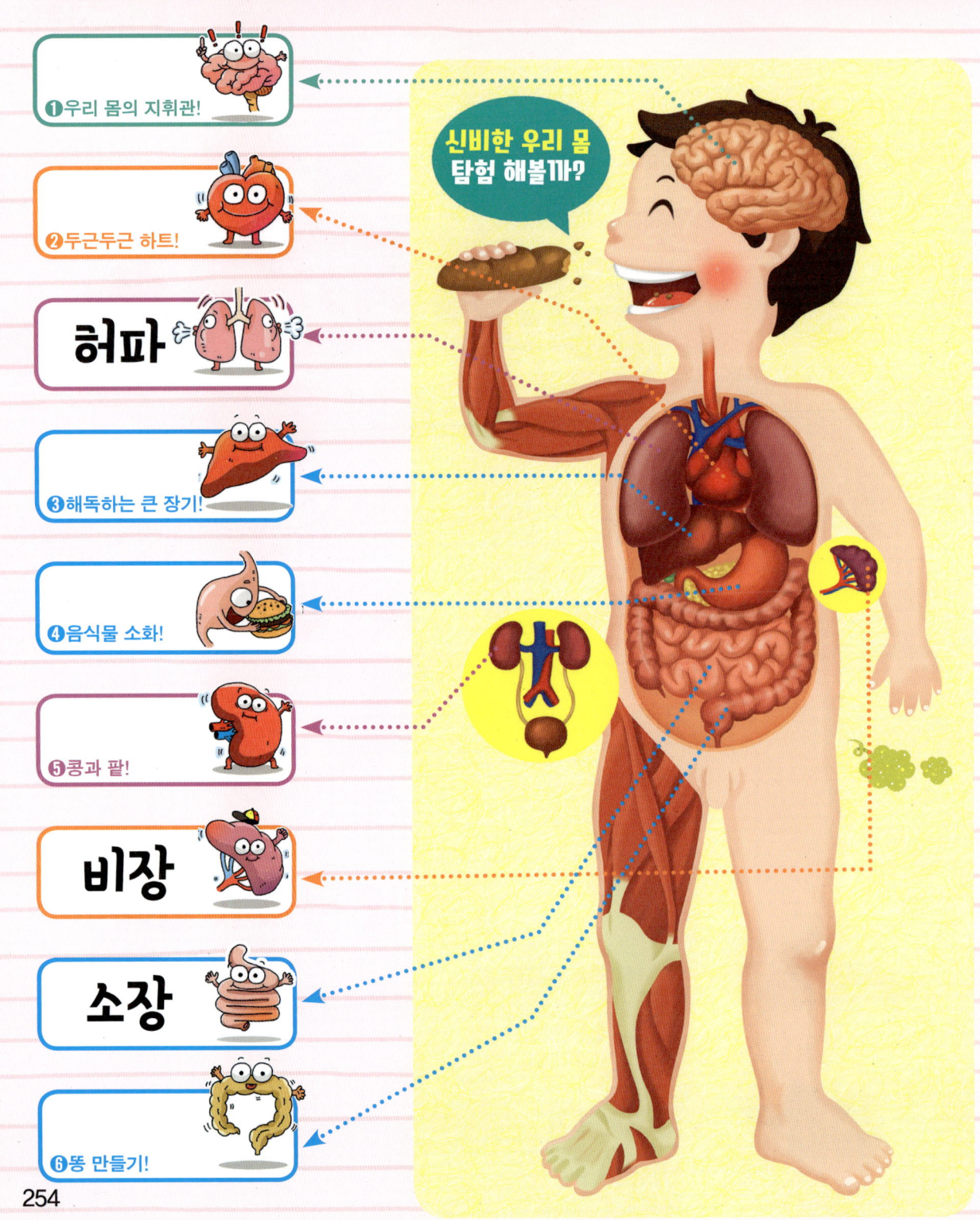

❶우리 몸의 지휘관!

❷두근두근 하트!

허파

❸해독하는 큰 장기!

❹음식물 소화!

❺콩과 팥!

비장

소장

❻똥 만들기!

# 신비한 우리 몸!

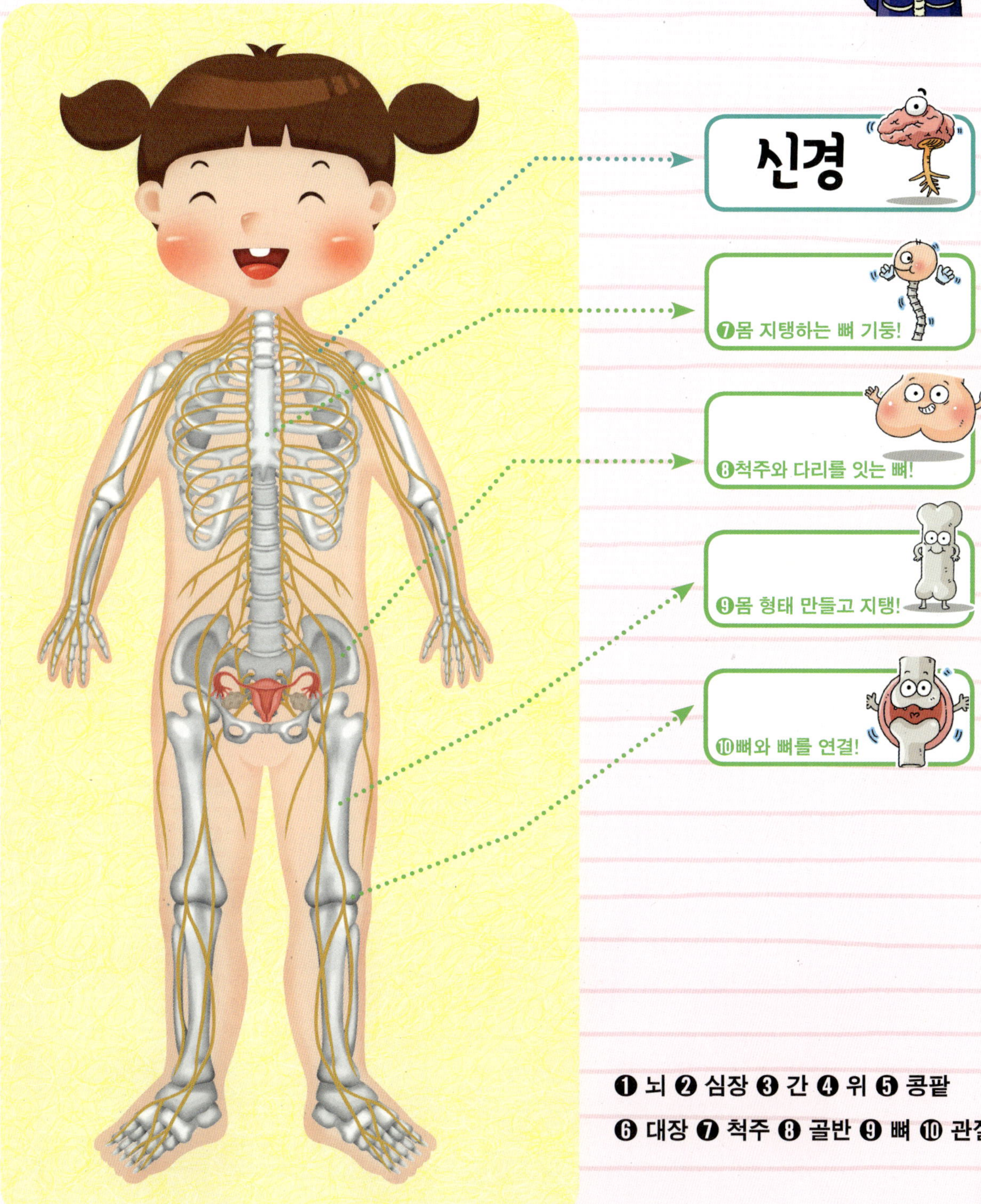

신경

❼ 몸 지탱하는 뼈 기둥!

❽ 척주와 다리를 잇는 뼈!

❾ 몸 형태 만들고 지탱!

❿ 뼈와 뼈를 연결!

❶ 뇌 ❷ 심장 ❸ 간 ❹ 위 ❺ 콩팥
❻ 대장 ❼ 척주 ❽ 골반 ❾ 뼈 ❿ 관절

## OX퀴즈 풀며 건강 지키는 방법을 알아보아요.

① 충치가 생기지 않으려면 칫솔질을 잘 해야 한다.
② 칫솔질은 아무 때나 하루에 딱 한 번만 한다.
③ 치아는 피가 날 때까지 힘을 주어 세게 닦는다.
④ 치아는 위아래로 쓸어내리듯이 닦는다.
⑤ 칫솔은 바꾸지 않고 하나로 오래오래 쓴다.

우리 입안에는 세균이 살아요. 이 세균들이 음식물 찌꺼기를 먹고 치아를 썩게 만들지요. 충치가 생기지 않으려면 하루 3번 칫솔질을 해야 해요. 칫솔질을 세게 하면 치아가 다치니까 살살 문지르고, 위아래로 쓸어내리듯이 닦아야 치아 사이에 끼인 음식물 찌꺼기가 잘 빠진답니다. 칫솔은 깨끗하게 보관하고, 2~3달마다 새것으로 바꾸는 게 좋지요.

① O ② X ③ X ④ O ⑤ X

**충치 예방을 위한 상식**

① 감기는 몸속에 바이러스가 들어와서 걸린다.
② 감기를 막으려면 손을 깨끗이 씻어야 한다.
③ 감기는 몸을 따뜻하게 하면 잘 걸린다.
④ 잠을 많이 자면 몸이 약해져 감기에 잘 걸린다.
⑤ 몸이 건조하면 감기에 잘 걸리지 않는다.

감기는 감기 바이러스 때문에 걸리는 병이에요. 감기에 걸리지 않으려면 손을 자주 씻어 감기 바이러스를 없애고, 몸을 따뜻하게 해서 면역력을 높여야 해요. 또 잠을 많이 자고, 음식물을 골고루 먹으면 면역력이 높아져서 감기에 잘 걸리지 않지요. 건조하면 감기 바이러스가 몸속으로 들어오기 쉽기 때문에 물을 많이 마시고, 주변을 촉촉하게 해 주는 게 좋아요.

① O ② O ③ X ④ X ⑤ X

**감기 예방을 위한 상식**

# 건강한 우리 몸!

**비만** 예방을 위한 상식

① 비만은 운동을 많이 해서 몸집이 커지는 것이다.
② 규칙적으로 운동을 하면 몸속의 지방이 탄다.
③ 무조건 굶으면 비만이 되지 않는다.
④ 규칙적으로 식사를 하면 비만이 되지 않는다.
⑤ 꼭꼭 씹어서 천천히 먹으면 비만이 된다.

비만은 몸속에 지방이 아주 많이 쌓여 뚱뚱해지는 거예요. 많이 먹고, 조금 움직일 때 비만이 되지요. 비만을 막으려면 규칙적으로 운동을 해서 몸속의 지방을 태워야 해요. 또 무조건 굶으면 오히려 살이 쉽게 찌기 때문에 규칙적으로 식사를 해야 하지요. 음식물은 천천히 꼭꼭 씹어 먹어야 배부른 느낌이 들어서 적당량을 먹게 된답니다.

① X ② O ③ X ④ O ⑤ X

**배탈** 예방을 위한 상식

① 배탈은 체하거나 설사를 하는 것이다.
② 많이 굶으면 배가 고파서 배탈이 난다.
③ 찬 음식을 많이 먹으면 위가 튼튼해진다.
④ 상한 음식에는 세균이 많아 먹으면 배탈이 난다.
⑤ 음식은 익히지 않고 먹어야 배탈이 안 난다.

배탈은 너무 많이 먹거나 급하게 먹어서 체하거나, 상한 음식을 먹어서 설사를 하는 등 배 속에 병이 난 거예요. 또 찬 음식을 많이 먹거나 배를 차갑게 하면 위가 잘 움직이지 않아 소화가 안 되지요. 상하거나 지저분한 음식, 익히지 않은 음식에는 세균이 많기 때문에 먹으면 배탈이 나기 쉬워요. 그러니까 음식은 항상 깨끗하게 요리하고, 익혀 먹는 게 좋답니다.

① O ② X ③ X ④ O ⑤ X

# 한눈에 보는 우리 몸

피부

심장

뇌

손

위

혀

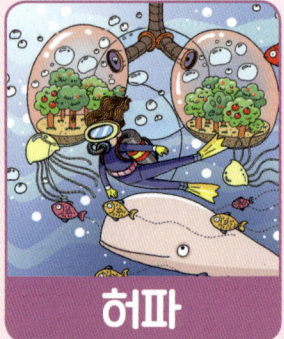
허파

귀

코

발

눈

혈액

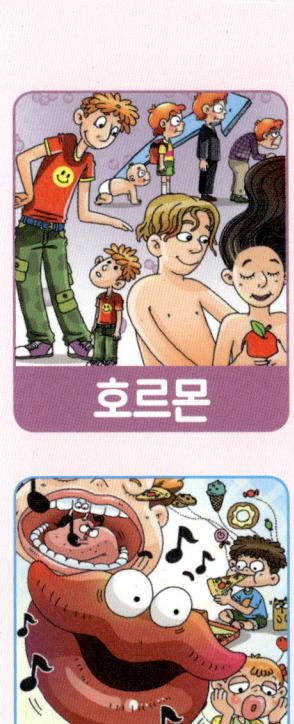 호르몬
 유전자
 뼈
 근육
 입
 관절
 머리
 머리카락
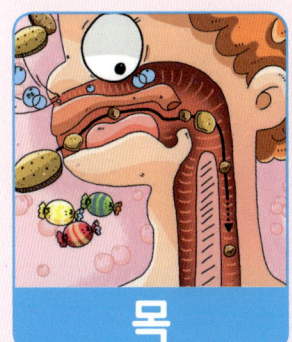 목
 치아
 세포
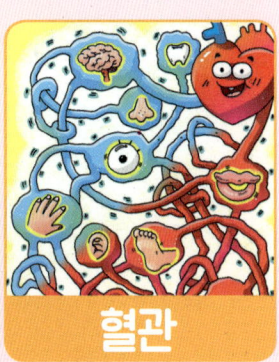 혈관
 신경
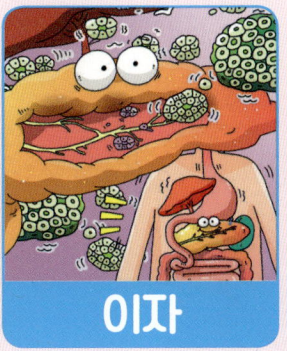 이자
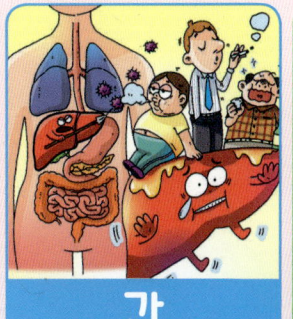 간
 척주

 골반

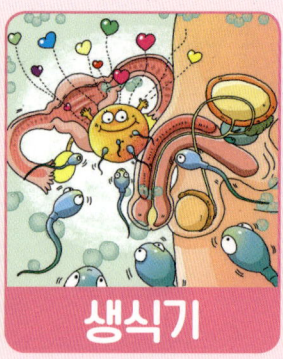 생식기

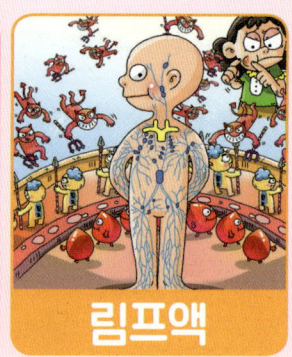 림프액

 배꼽

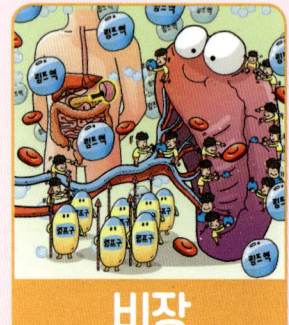 비장

 수면

 성장

 대장

 쓸개

 콩팥

 방광

 소장

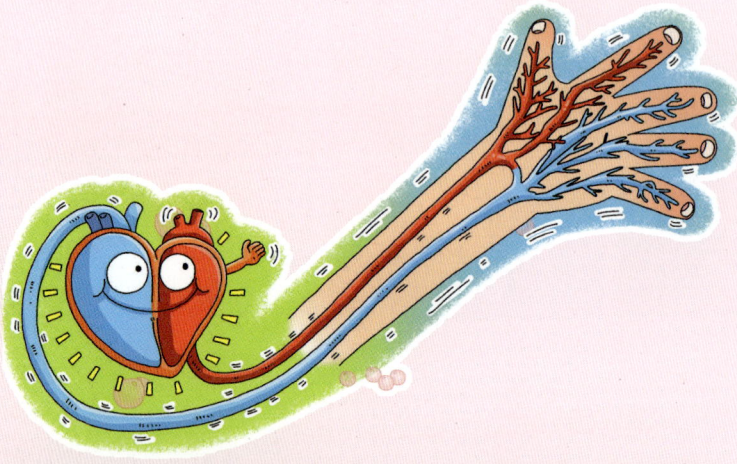

# 찾아보기

간 … 169
골반 … 181
관절 … 115
귀 … 55
근육 … 103

뇌 … 25
눈 … 73
대장 … 223
림프액 … 193

머리 … 121
머리카락 … 127
목 … 133
발 … 67
방광 … 241
배꼽 … 199
비장 … 205
뼈 … 97

생식기 … 187
성장 … 217

세포 … 145
소장 … 247
손 … 31
수면 … 211
신경 … 157
심장 … 19
쓸개 … 229

위 … 37
유전자 … 91
이자 … 163
입 … 109
척주 … 175
치아 … 139

코 … 61
콩팥 … 235
피부 … 13
허파 … 49
혀 … 43
혈관 … 151
혈액 … 79
호르몬 … 85